医学部に
とにかく
受かるための
「要領」がわかる本

合格率7%の中にどうくいこむか

Hideki Wada
和田秀樹

PHP

はじめに

医学部受験は年々難化する一方だといわれる。受験者総数は14万人とされ合格率は7％を切っている。15回受けて1回受かるという計算になる。

２０１６年に東北医科薬科大学が37年ぶりに医学部新設を認可され、私の所属する国際医療福祉大学も２０１７年春に医学部を開設するなど、定員は若干増えているのだが、それ以上に受験者数が増えているため、難化は止まらない。

偏差値のほうもうなぎ上りだ。昔は、授業料が高いということで新設の私立医大は敬遠され、１９８５年当時には、偏差値が40を切るという大学医学部もあった。いまや最低ランクでも63くらい。早慶の理工学部レベルに合格できる学力がないと合格できる大学は一つもなくなったということだ。

ただ、私立医学部は重複受験は当たり前だし、早慶の一部学部が東大の偏差値より上であるように、偏差値というのは科目数を少なくすると高く計算される傾向にある。

もちろん難関は難関なのだが、本書で私が説明するように、受験勉強は偏差値を上げるためにやるものではなく、志望校の合格者の最低点をクリアするためにやるものなので、そこは、実はそれほど大きな問題ではない。

医学部受験のいちばんの難しさは、その合格者の最低点をクリアすることが大変なことだ。

最近、センター試験が難化したといわれることが多い（難化というより、傾向が変わったということなのだろうが、通常の学校の授業だけでは対応できないことは確かだ）が、医学部合格ラインはむしろ上がっている。

合格者の最低点の低い学校はないわけではないが、それは二次試験でものすごく高い点がとれた場合の話で、通常の合格ラインはセンター試験で85％。90％は必要といわれる大学さえある。これは5教科7科目での話である。苦手科目は実質つくれない、ハイレベルな目標値である。

そのうえ、二次試験は、それぞれの大学でかなり個別性の高い問題が出題される。ここでもハイレベルの争いになる。センター対策に追われているようでは、とても二次の合格者の最低点はクリアできない。

私立大学のほうは科目数は少ないが、前述のような医学部人気のために、偏差値はかなり高く、科目数が少ない代わりに高得点が要求される。

そんな事情もあって、よその学部と比べものにならないくらい多浪生が多く、受験準備に時間がかかるのが医学部といわれる。

高校の3年間では間に合わないことを示唆《しさ》するように、医学部合格ランキングの上位校は中高一貫校の独占状態だ。

2016年度の医学部合格者ランキングを見ても、19位までは私立か国立の中高一貫校で占められ、20位に仙台二高がやっと入っているという実情だ（『週刊ダイヤモンド』２０１６年６月18日号による）。

地方と首都圏や阪神間との格差も広がり、名門の私立の中高一貫校を有する地域以外の合格者は少ない。これが東北地方の医者不足の元凶になっているという声も強い。

実際、名門の中高一貫校のない地域では、中学受験の文化、つまり小学生の間に進学塾に通う文化がない。

ゆとり教育は廃されたが、まだまだ中学受験生と比べると、計算力や国語の読解力、記憶力のトレーニングの絶対量などが少ないため、この経験がないと、かなり受験に不利になることが示唆されているということだろう。

だから、地方の受験生、とくに公立高校に通う生徒には医学部は無理、あるいは現状の偏差値が伸び悩んでいる中学生や高校生には医学部合格は無理ということがいいたくて本書を書いたわけではない。

むしろ、その逆である。

地方の公立高校の生徒や一般の秀才が医学部に合格できないのは、それが超難関であるからでも、中学受験を経験していないからでも、名門校にいないからでもない。

そうではなく、医学部受験のやり方がわかっていないからだ。

たしかに中学受験をしていないと不利ではあるが、それに気がつけば、中学受験用の計算訓練をするとか、中学受験用の読解練習をすればすむ。

それ以上に問題なのは、志望校対応がまったくできていないことだと、私は考えている。

実は、最近、それを痛感させられるエピソードを経験した。

私の知り合いの文化人の方が、3・11の震災で親を失った方の教育支援のボランティアや寄付活動を行っているのだが、「一人、医学部の受験生がいるので、助けてやってほしい」という話を受けて、東北地方に住むその子に会いにいった。

たしかにまじめそうな子で、私もその名をよく知る、地元一の名門公立校を卒業し、現在、地元でいちばんの予備校の医学部進学の特進コースに通っているという。

ただ、現役のときも、一浪して受けた今年の春も、結果は思わしいものではなかった。

開口一番、私は志望校を聞いてみた。

「志望校は決まらないが、偏差値のなるべく低い国立大学を狙いたい」という話だった。

一応、どのあたりを狙っているのかを聞いたうえで、その大学の過去問を見たことがあるかを聞いてみると、「まだない」という返答だった。

本書を読み進めてもらうとわかることだが、私にとっては、まったく信じられない答えだった。

医学部というのは、志望校によって、問題の傾向も配点もまったく違う。早めに志望校を決めて、その学校の配点パターンや問題の傾向が自分に合っているかを確認したうえで、この時期（夏休みの終わり頃だった）で何点満点中の何点とれるかを知り、合格者の最低点に何点足りないから、どこで点をとって合格しようという戦略を立てるのが、必勝の受験パターンだからだ。

予備校の言いなりになって勉強しても、志望校の出題傾向に合ったものでなければ、偏差値が足りていても落ちることは十分にありえる。

同じ偏差値65でも、英語が得意で数学が苦手なら、英語で差をつけられる学校を選べば合格できるが、数学の配点が大きかったり、その問題が難しければ、不合格の憂き目をみる。

そこが把握できていないと、これからの時期、何に重点をおいて勉強をすればいいかを見失ってしまう。

その後、センター模試の結果を見せてもらった。８割弱の得点で、二浪としてはちょっと心もとない。ただ、85％にもっていくのは無理な数字ではない。気になったのは、英語が7割しかとれていなかったことだ。

本人も苦手を自覚して、かなり力を入れて勉強しているという。

ここで私は、「時間が足りなくて、長文問題が一問、手つかずだったのではないか？」と聞いてみた。

そのとおりだった。

そこで長文の速読訓練をどのくらいやっているのかを続けて聞いたのだが、「予備校では、今の時点では、文法や問題演習が中心で、長文を本格的にやるのは秋以降」という。

現役のときも、浪人してからもその手の勉強はしているし、一問手つかずでこれだけの点がとれているのだから、そんなにできが悪いわけではない。

「だったら、独学で長文をどんどん読んでいったほうがいい」とアドバイスをすると、「その視点がなかった」とのことだ。

ここでもやはり予備校のカリキュラムに追われすぎて、自分の課題が見えていない、あるいは見えていても、自分で対策をしていないのだ。

「予備校のカリキュラムがどんなものであっても、今から、すぐに長文の問題集をどんどんやっていくべきだ」というアドバイスをした。

最終的に、この時点で、センター英語で7割、数学で8割であれば、国公立の二次対策をやっていないことを考えると、時間不足になる可能性がかなり高いうえ、得意の化学を活かすことを考えれば、私立専願にすることを勧めて、私はアドバイスを終えた。

性格もよく、まじめに勉強をするタイプの子だったので、ぜひ成功を祈念したいのだが、あとは、予備校の言うことと私の言うことのどちらを信じるかだろうというのが率直な感想だった。

ただ、ここで思ったのは、彼が例外なのではなく、**地方の医学部受験生の多くは、この手の勉強、つまり学校や予備校に言われたとおりの勉強をし、受験に合**

ったカリキュラムで勉強していないし、また志望校対策もろくにしていないで、偏差値に合わせて志望校を決めるのだろうということだ。

残念ながら、それでは合格は難しい。合格できないわけではないが、できるとしたら、学力が有り余っている場合だけだろう。

偏差値が足りても、志望校対策をしてきた人には勝てないのだから、志望校対策をしてきた人に勝てるくらいの圧倒的な学力差がないと合格できない。

本書でも触れるが、２００４年から医師臨床研修制度が始まり、どこの大学を出ていても好きな研修先が選べるようになった。

そのせいで、どこの大学も医者不足で、研修を終えた段階で、どこの大学の医局も、実質フリーパスだ。

だとしたら、**私立大学であっても、早く医学部に入るほうがいい。**

私立の医学部もだいぶ学費を値下げしてきたし、地方によっては、その県で医者をやることを条件に、授業料を出してくれたり奨学金を用意してくれるところも少なくない。

どうしても国公立大学狙いなら、センター対策を早めにすませて（だから中三でも、高一でも、早めのスタートが有利だ）、二次では、自分の受かりそうな大学を探して、その志望校の過去問対策で勉強の課題を見つけることだ。

要するに、**医学部受験というのは、情報戦であり、戦術の勝負なのだ。**もちろん、学力も必要だが、どこの医学部でも受かるような学力をつけようと思えば、膨大な時間がかかってしまう（それでも難しい）。

本書は、とある医学部受験塾情報サイトに連載していたものを、加筆修正し、また現在の配点や情勢に合わせて、書き直したものだが、この手の受験戦術から、生活術やミス対策まで、医学部対策に必要なことは、おおむね網羅していると信じている。

少なくとも、考え方を変え、受験戦術を変えるためのヒントになるはずだ。

本書を通じて、このままでは合格の可能性が低い受験生の多くを救えれば、著者としては幸甚このうえないし、また、医学部受験生の親御さん（学校の言いなりという古い価値観を持つ人が少なくないのは承知している）へのよきヒントになったり、将来、子供を医学部に行かせたい親御さんの指針になれば、これも著者の本望である。

末筆になるが、本書の編集の労をとってくださったＰＨＰ研究所の大久保龍也さんと細矢節子さんにはこの場を借りて深謝したい。

医学部にとにかく受かるための「要領」がわかる本

――合格率7%の中にどうくいこむか

目次

序章 叩けよ、さらば開かれん——医学部受験のすすめ

第1章 これが合格を勝ち取る和田式受験勉強法の真髄だ！

第2章 生活を受験臨戦態勢に整える

第3章

点数アップ確実！和田式科目別攻略法

第4章 本番3カ月前！まだ間に合う得点力強化法

第5章 ラスト10日で合格を勝ち取るための秘策

第6章 4月から始まる新しいスタートに向けて

序章

叩けよ、
さらば開かれん
——医学部受験のすすめ

序-1

医療は40兆円産業。ただし社会のニーズに敏感でないと生き残れない

なぜ、医学部人気がこんなに高いのかということは、私は経済と大きな関係があると考えている。

ちなみに私は10年以上前から、一橋大学の経済学部で医療経済学を教えている。医者の立場から、どのようなかたちの医療が、今後の超高齢社会にもっとも費用対効果の高いものになるかなどを論じている。

現在は東京医科歯科大学に出張して講義を行い、ほかにも公共経済学や社会保障の有名な先生が教えにきているのだが、医学部生の人気はきわめて低く、公衆衛生や看護系の大学院生は聴きにくるが、例年、医学部生の出席は1～2名であ

る。

私は、医者もまったく経済のことを考えていないとひどい目にあうと実は考えている。

現実に、昔はリッチな職業と相場が決まっていた歯科医や弁護士が、今は、数を増やしすぎたためにかなり収入が減っている。

年収300万円時代とさえいわれているし、弁護士の場合は、司法修習を終えても、まともな就職口がないことさえある。

一方で、美容やインプラントなどに特化し、億単位の収入を得ている歯科医も珍しくないし、弁護士でも大手の事務所に勤務していると、10年以内に年収1億ということはざらにあるようだ。

要するに、将来のことをちゃんと考えている人と、歯科医や弁護士になれれば、ほっといてもリッチにやっていけると高を括《くく》っている人とで、大きな差がつくということだ。

実は医者も、近い将来そんなふうになるだろうと考えられている。

人口減少社会となった日本で、医者を今、増やしているのだから、早ければ5年くらいで医者余りになるとされているのだ。

また、日本の場合、海外と違って、医療費が原則的に公費の保険医療だ。

海外の場合は、公的保険もあるが、自費診療や民間の保険会社にお金を払ってもらえる自費診療も選べるケース（アメリカの場合は、ほとんどがこれにあたる）があるので、政府が財政緊縮政策をとっても、富裕層は医療にだけは金を払う。

アップルの創業者スティーブ・ジョブズは、自分のすい臓がんの治療に40億円も使ったそうだ（それでも助からないのが、医学の限界なのだが）。

しかし、日本は、大金持ちでも保険診療を使って、大学病院に入院したりする。だから、政府は赤字で、その医療費を削るとかいいだしたら、たちまち多くの病院は経営危機に陥るし、医者の給料も下がってしまう。

昔は、日本医師会という強い医者の団体があって、それをさせないようにしていたが、今は、そこの推薦する候補者が選挙に出ても、全国で15万票くらいしかとれないことがわかって、かなり弱体化している。

そのような、いろいろなことを考えると、これからの医者の収入は決して安泰というわけにはいかない。

ただし、おそらく歯科医の世界でも美容分野が生き残っているように、保険のきかない美容医学や、高齢者が増える中、老化予防医学（抗加齢医学）などは、お金を払っても受けたい富裕層はいっぱいいるだろうし、保険のきかないがん治療も盛んになるかもしれない。

あるいは、ＴＰＰ（環太平洋戦略的経済連携協定）交渉が正式に結ばれ、海外の保険会社がお金を払ってくれる外国人向けの高度医療なども盛んになるかもしれない。

保険診療が頭打ちなら、それ以外の分野が伸びていく以外に、医療の成長の道がないからだ。

昔は日本人はストレスが多く、胃潰瘍《かいよう》の手術が盛んに行われたが、今はほとんど薬で治る。がんの特効薬ができたら、がんは内科の病気になるかもしれない。

逆にｉＰＳ細胞が実用化されると、動脈硬化のひどい血管にｉＰＳ細胞を移植すると、血管が若い状態に再生されるというようなことが可能になるという。

すると、動脈硬化の予防のために、コレステロールを下げる薬や血糖値を下げる薬が必要なくなるかもしれない。つまり、内科の需要が減って、外科の需要が増える。

これからの時代、医者として生き延びていくためには、社会情勢や、社会の（とくに富裕層の）ニーズや、医学の進歩に敏感でないといけない。

逆にいうと、医療というのは40兆円産業なのだから、それをうまくつかむことができれば、ほかの産業が伸び悩む中、有望な職業であり続けることは間違いない。

序-2 さまざまな魅力たっぷり。医者という職業

前述のように、医学の世界は、けっして将来が保証されたものではなく、おそらく、弁護士や歯科医のように、医者の間でも相当な格差が生じることが予想されるのだが、現状の医学部人気は止《とど》まるところをしらない。

これには、いくつか要因があるだろう。

もちろん、その中には、医者が将来的にも、平均収入の高い、豊かな職業であり続けるはずという甘い予測もあるだろう。

ただ、これにしても一概に甘いといえないかもしれない。

前述のように、収入の格差が開き、貧しい人もでている歯科医や弁護士にして

も、地方のように、そういう人が足りない地域にいくと、まだまだ豊かに暮らせるようだ。東京とか、大都会に住むことをあきらめれば、当分はかなり豊かに暮らせるかもしれない。

そもそも医者を増やすという政策は、医者の偏在をなくすためのものだから、そうなることを厚生労働省だって期待しているのだ。

豊かでなくても、安定しているからという考え方もある。

たしかに東京大学を出ていても、勤め先がいつ潰れるかわからないし、リストラにあうことさえある時代だ。

また、アベノミクスで失業率は下がったとされるが、とくに若者の非正規雇用率、つまりちゃんと正社員になれない人の割合は、どんどん上がってきている。

それと比べると、医者なら、今の収入は維持できなくても、食いはぐれることはないと考える高校生や、親御さんが少なくないのは、十分納得できる話だ。

アベノミクスが成功か失敗かは意見が分かれるところだが、残念ながら、新産業がほとんど生まれていないのは確かだ。

それなのに国の借金は増え続けているし、東京オリンピックが終り、公共事業も削られてくれば、また大失業時代がくるかもしれない。

そう考えると、**医者の安定性はやはり捨てがたい**だろう。

きちんとした国家資格であることを重視する人も少なくない。

「男女共同参画」とか、「一億総活躍」とかいうが、女性も働きやすい時代がきたのは確かだが、家庭に入っていったん仕事をやめたり、突然、離婚をつきつけられたりした際の受け入れ口は、かなりの高学歴の人でも、まだまだ少ない。

母子家庭の7〜8世帯に1世帯は、いまでも生活保護を受給しているくらいだ。今は、生活保護をなかなか受け付けてくれない厳しい時代でもある。

医者でなくても看護師でもいいが（実際、その人気も高まっている）、資格を持っていないと、女性に限らず再就職が難しい時代になっていることが医学部人気を支えているといえるだろう。

実際、医学部は勉強のできる女子には人気の学部で、現実に、医学部の合格者の4割近くが女子となっている。

自由に憧れる人もいる。私自身、医者の資格があれば、自由に人生を選択できると考えた口だ。実際、資格があれば、いろいろとほかのことにチャレンジできる。

私も47歳で、高校生時代からの夢であった映画監督になることができた。医者をやりながら、音楽家を続けていたり、まだ成功していないが、小説家をめざしている人も知っている。

そういう夢がなくても、**上司や職場と合わなくても、すぐにやめて別のところに勤められる、今の時代、珍しい職業でもある。最悪、宮仕えが苦手でも開業の選択肢もある。**

多少、収入が減っても、その自由さは捨てがたい。

その他、意外に大きな要因だと私が考えているのは、東京一極集中の影響だ。

以前、とある地方の県知事と話をしていたときに、この地域に公立の中高一貫の名門校をつくってはどうかという提案をしたことがある。

その知事の答えは、「この地域では、子供に勉強させて、東大とか東京の大学にやっても、帰ってこないことがわかっているので、親の教育熱があがらないのですよ」というものだった。

これは日本の将来を考えると危機的なことだが、ものすごくリアルに聞こえた。

少子化で、なるべく地元に残ってほしいという親の意向と、東京一極集中で、地方には高学歴の人の就職の受け入れ先（昔は公務員も人気があったが、今は選挙の結果で給料を下げられることもあるし、利権もだいぶ減っている）がないことが、地方の医学部人気を高めている。

実際に、ラ・サール高校など、昔は東大合格者数でトップクラスだった学校が東大合格者数を減らす代わりに医学部合格者を増やしているように、地方では東大を敬遠して医学部という流れができつつある。

ここまで現実的なことを書いてきたが、もう一つ、忘れてはいけないのは職業としての魅力である。

患者さんの命を救ったり、患者さんが治って幸せそうな顔をしてくれるというのは、医者として何よりも嬉しいことだし、充実感を得られることだ。

収入や自由度が多少減っても、十分生きがいを感じられる職業であるかぎり、医学部は一定の人気を持ち続けるだろうし、むしろ、拝金論がはびこって、そう考える若者が減ることのほうがよほど危機的な話である。

序-3 AIの進歩で進む医療技術、必要とされる医者のコミュニケーション力

ただ一方で、医者の将来への悲観の声も強まっている。

私が女医さん向けの幼児教育（女医さんが安心して働けるように保育園のように預かるだけでなく、将来の中学受験の基礎学力をつけるような教育施設）を企画している話を、とある大学医学部の教授にしたところ、「これからの時代、医者はどんどん落ち目だよ。高い金を払って、子供を医者にするための幼児教育を喜ぶ女医さんがそんなにいるのかな」と悲観的な返答が返ってきた。

医者の間でも、この手の悲観論は高まっている。

厚生労働省は明確に医療費削減政策を打ち出しているし、診療報酬も徐々に減

ってきている。日本医師会の政治力や発言力が落ちてきているため、厚生労働省や政治家がやりたい放題になっているという話も聞く。

たしかに、これまでのような保険診療に頼り切った医療の将来性は低いかもしれない。同じパイの中で医者が増えていくのだから、淘汰《とうた》される人も出てくるだろう。

日本だけでなく、世界の先進国が、内需が増えない中、中国など新興市場への進出で、多くの企業は生き残りの競争をしている。

医者も、ドメスティックなことばかり考えずに、外国人の患者を受け入れるなどを積極的にやっていく必要が出てくるだろう。

実際、中国の富裕層や共産党の幹部などは、自国の医療を信用していないから日本で治療を受けたがるし、秘密が漏れることを恐れて（病気がわかると追い落としを受けるようだ）日本で人間ドックを利用するという。

あるいは、アメリカの医療費があまりに高いから日本での治療を受けたいという外国人患者も徐々にではあるが増えている。

この手のことを「医療ツーリズム」というのだが、語学も含めて対応できれば、まだまだ医療全体の需要は増える。

もう一つの日本の特殊性は、前述のように保険診療に頼りすぎていることだ。美容医学や人間ドック、レーシックなど自費診療の割合は、医療費全体のわずか1％にすぎない。

オバマケアでやっと国民皆保険になったアメリカでは、オバマケアが民間の保険会社を使ったこともあり、民間医療費の割合が今でも半分を超えている。

ヨーロッパは税金が高い代わりに医療費がタダなどという国が多いが、順番待ちが大変などという理由で、民間の保険を買って、自費診療の病院に行く人の割合が、2割くらいはいるという。それと比べると**日本の自費診療はもっと伸びる余地はある。**

魅力的な老化予防医学などが実現しても、おそらく病気でない（医療保険は病気になったときに出すもので、たとえば人間ドックは保険がきかない）とみなされて、保険はきかないだろう。

そういうものがもっとポピュラーになれば、医療もまだまだ成長産業になりえるのだ。

もう一つの医者の将来への悲観は、ＡＩ（人工知能）の出現だ。

ＡＩがもう少し進化すると、検査データや画像データを読み込ませると、人間の医者より確実な診断ができるとされる。また手術ロボットが実現すれば、やはり人間より医療ミスは少なくなるだろう。このままでは医者が大量失業しかねないというわけだ。

ただ、私は、それでも免許を持った医者がいないところで、ＡＩに診断や治療をさせることはないと考えている。

今でも、人工透析のクリニックにいくと、テクニシャンという人が現場を仕切っていて、医者よりもはるかに、具合が悪いときの対応に詳しかったりする。

昔、アルバイトにいったときも、医者は、いればいいという感じで読書のし放題だった。

しかし、万が一の責任者として医者は必要だし、医者の指導のもとでしか、彼らは働けない。

AIが多少進歩しても、やはり医者の判断や署名捺印は必要だろう。

税理士の世界でも、ソフトの進歩で、税理士の仕事がはるかに楽になったそうだ。

すると一人でさばける顧客の数を増やすことができる。顧客をたくさん抱える人は、ソフトの進歩で収入が増えるが、そうでない人はどんどん大手に顧客をとられているそうだ。

医者の世界でも、ＡＩの進歩で一人の医者が診られる患者は確実に増えていくことだろう。患者さんに人気のある医者はますます収入が増え、そうでない医者はかなり悲惨ということが待ち構えているかもしれない。

コミュニケーション力や患者への説明能力などを鍛え、人気のある医者になれるようにしたいものだ（技術の不足のほうはＡＩに頼ることはできるが、この手のことは困難だ）。

序-4

総合診療医、高齢者専門医、がん専門医が不足している

これまで述べてきたように、医者の世界の悲観論については必ずしも当たっていないと考えているが、将来のことや社会の情勢を考えない医者は、かなり収入レベルが下がることが予想される。

そこで、近い将来については、今後、将来性のある分野をいくつかあげ、最後に私の予想する将来展望を述べたい。

今、圧倒的に不足しているのは、きちんとした総合診療医と高齢者専門医だ。

超高齢社会となり、今後も若い人が減り高齢者がますます増えてくるわけだが、若い人と比べて、高齢者のほうが医者にかかる割合が高い。高血圧や骨粗し

ょう症、あるいは認知症など、いろいろな病気を抱えるからだ。

ただでさえ入院するような病気になりやすいし、また、入院も長くなりがちなので、入院患者の延べ人数（患者数×入院日数）は、やはり高齢者が多い。

そういうことで、患者全体に対する高齢者の割合がどんどん増えているが、それを本当の意味で診られる医者が少ないのだ。

医学部受験生なら多少イメージがわくかもしれないが、大学の医学部では医療はどんどん専門分化している。内科というのはなくなって、循環器内科とか呼吸器内科とかに細分化されている。

若い人（中高年までの人）の場合は、一人でいくつも病気を抱えることはあまりないので、専門の先生に診てもらえたほうがいいだろう。

しかし、高齢者は、いろいろなデータが正常でなくなっているし、高血圧と、糖尿病糸、骨粗しょう症など、一人でいくつも病気を抱えることが多い。

ところが、専門分化した大学病院でトレーニングを受けた医者は、その一つひとつの病気に、きちんとした治療をしようとするから、どうしても薬の数が多くなってしまう。

総合診療医というのは、一人の人間の身体を診て、その手の薬に優先順位をつけ、その人にベストな5種類くらいの薬を選んでくれる医者のことだ。あまりに薬が多いと、それによって検査データがよくなるメリットと副作用のデメリットが逆転してしまう。

ところが通常の大学病院ではこの手のことが習えないから、これらの医者が不足してしまうのだ。

海外に行かなくても、地域医療の盛んな長野県（ここはそのためか、男女とも平均寿命が全国一である）などで研修を受け、そのコツをつかむことができれば流行《はや》る医者になれる可能性はずっと高まる。

高齢者の場合は、薬の代謝能力が衰えるから、もっと薬を減らしたほうがいいかもしれない。そういうことに対応できる医者の養成が遅れているから、日本の老人医療費のコストが増える一方なのだが、それを診療報酬を引き下げることで対応するのはまずい、としかいいようがない。

もっと医者に考える時間を与えて、薬を減らしたほうが、医者にも患者にもハッピーなはずだ。

もう一つ、**ものすごく足りない分野が、がんの専門医**だ。

ご存じのとおり、日本はがんで死ぬ国である。

いまだに欧米の多くの国の死因のトップは心筋梗塞などの心臓病で、アメリカなどは、がんで死ぬ人の1・7倍の人が心臓病で死んでいるが、日本はこの病気で死ぬ人はがんの半分以下だ。

ただ、日本もアメリカ医学の影響を大きく受けているので、心臓の専門科（循環器内科医や外科医）の勢力は大きい。

メタボ対策とかコレステロールを下げろとかいうのは、循環器内科の主張であるが、少なくとも日本での統計調査では、コレステロールが高めの人が長生きしている。

免疫細胞の細胞膜の材料がコレステロールなので、おそらくはこの値が高い人のほうが、免疫機能が高く、がんになりにくいからとされている（がんの発症と免疫機能の関係はまだ確定されてはいないが、体がつくったでき損ないの細胞を免疫細胞が殺すのはほぼ間違いない）。

そういう点では、がんで死ぬ国では、心臓病で死ぬ国と健康常識が違っても当たり前なのだが、日本でもアメリカと同じく、循環器の医者の発言力が強いのだ。

そういう意味で、がんをまじめに研究する人のニーズは高い。

もう一つは、日本のがん治療が外科に偏りすぎているという問題がある。

アメリカでは、がん治療は外科治療と放射線治療が半々のレベルまできているとされているが、日本は放射線科の医局がどこも小さいため、その人数は少ない。

アメリカではがんの放射線治療医は５０００人いるが、日本では５００人レベルとのことだ。だから、放射線治療医のニーズは高い。

がんは薬物療法（化学療法）も行うのだが、この専門科の数も少ない。

さらにいうと、がんが手術できないことがわかり、余命宣告を受けた人の残りの人生の苦痛をとり、なるべくハッピーに生きてもらえるようにサポートする緩和ケアの医者も足りない。

もっといえば、がんの手術中に、その断端にがん細胞が残っていないかを調べる病理医が足りないために、日本ではがんを大きめに切るということになりがちだ（そういう医者がいれば、ギリギリの大きさの手術ができるが、いなければ大きめに切っておいたほうが安心だからだ）。

がんの治療関係だけでもさまざまな医者不足が起こっているのである。

そのほか、保険外診療が盛んになれば、美容や老化予防に金を使う人も増えてくるかもしれないし、心のケアのカウンセリングに金を使うようになるかもしれないが、それができる医者も圧倒的に少ない。

ニーズが読めて、足りない分野の医者になればまだまだ安泰なことは確かな話である。

序-5

医師の資格は、あらゆる職業で活躍できるバラ色のパスポート

最後に、医師の資格を持つ人間には、医者になる以外にもバラ色の将来が期待できるという話をしておきたい。

一つは、医学研究者になるということだ。

昔は医学部を出ても、臨床に進めば（いわゆる医者になれば）豊かに暮らせるが、基礎医学など研究の道に進めば貧乏と相場が決まっていた。しかし、今は、すごい研究をして特許をとれば、相当リッチになることは可能だ。

日本にいるうえに私服を肥やすような人ではないから、そんなにリッチにやっているかどうかはわからないが、ノーベル賞をとった山中伸弥先生は、アメリカ

で同じ研究をしていれば、２０００億円くらいお金が集まったはずだという話を読んだことがある。これは現実的な数字だろうし、アメリカの場合、その1割くらいを自分の収入にしても文句は言われない。

20世紀の末にＩＴの時代がきて、21世紀の始めには金融テクノロジーの時代だとされるが、その次はバイオテクノロジーの時代になるという予測は強い。

医学研究者はスポンサーも見つけやすいし、当たればリッチになれるという時代が目前にきている（すでにきている）といっていいのだ。

いずれにせよ、高齢者が増え、一とおりの物がそろっている物余りの時代には、健康に金を使う人が増える。

医学研究だけでなく、関連の産業でも医師の免許を持った人を雇いたがる会社は増えるだろう。

昔から製薬会社には、医師の免許を持った研究者が多かったが、それをもっと増やすことは十分に考えられるし、食品会社なども健康食品の開発のために、その傾向が強まることだろう。新規事業の開発のために、商社などでも医師の免許を持っている人を募集するという話も聞く。

医療情報を提供したほうが売れるので、マスコミも医師の免許を持つ人間をほしがっている。テレビ局や大新聞の記者になるのは、文系の人にとっては相当の難関だが、今であれば、医師の免許を持っていれば、どこかは受かるはずだ。嫌になれば医者に戻るという選択肢もある。

医者にならなくても医学部を卒業して損はない。

どこの大学を出ていても安定しない時代、**医学部に入ることは、バラ色のパスポートへの近道**だと私は信じている。

第1章

これが合格を勝ち取る和田式受験勉強法の真髄だ！

1-1

目標は志望校の合格最低点

和田式受験勉強法とはどういうものか、今回改めて説明したい。

和田式というと、「要領型の手抜き勉強法」とか、「暗記主体の勉強法」とか思われがちだが、基本的には三つのことを重視している。

一つは、**「目標を偏差値を上げることに置かず、志望校の合格最低点に置く」**ことである。

たとえば、志望校の合格者の最低点が、数学と英語と理科で400点満点の280点であるとしよう。その大学の過去問をやってみたら180点だった。とすると、あと100点積み上げれば合格できる、ということになる。そこで「志望校の合格者の最低点と、今の自分の学力のギャップを埋める」勉強をする。

医学部の入試問題は大学ごとに特色があるので、その大学の出題傾向に合わせた対策を立て、ギャップを埋める勉強をするのである。

この方法だと、たとえ偏差値で志望校に及ばなかったとしても、合計点で合格を勝ち取ることができるのだ。

二つめが、**「勉強時間より勉強量を重視する」**ことである。

受験勉強というのは、3時間で10ページやった受験生と、5時間で5ページしか進まない受験生では、前者が勝つ。「何時間やったか」ではなく、「どれだけやったか」で、受験勉強の成否が決まるのである。

受験勉強は、中学生からスタートするのが理想である。しかし、現実には高校生からという人が多いであろう。だとすると、限られた時間の中でいかに効率的な勉強をするかが勝敗を決する。

和田式では「数学は暗記だ」といっているが、これはスピードアップのテクニックのひとつである。

できる子が1問10分で解ける問題を、1時間かかって勉強していたのでは勝ち目はない。しかし、5分考えてわからなければ答えを見て、その解答パターンを覚えて点数を上げられるのなら、秀才の受験生に勝てる。そういう逆転を可能にするのが和田式受験勉強法なのだ。

三つめは、**「記憶に定着させることを重視する」**ことである。

3時間で10ページ勉強できたとしても、1カ月後には2ページ分しか頭に残っていないのなら、5時間で5ページ勉強し、復習することで4ページ覚えている子に負けてしまう。

そこで和田式受験勉強法では、より記憶に残りやすい勉強、復習を重視しているのである。

1-2 志望校を選び、その大学に特化した勉強を

和田式受験勉強法は「目標を志望校の合格最低点に置く」のであるから、**受験生はまず志望校を選ばなければならない**。

通常の受験生（私はこんなのは受験生といわないと考えている。志望校が決まっていて、そこに向けて勉強をするのが受験生なのだ）は、予備校や学校に言われたとおりの勉強をして、偏差値が上がったら、その偏差値で合格しそうなところから志望校を決める。

これでは、志望校を最初から決めている受験生と比べて、試験に出ないことをやる無駄が多くなってしまう。

医学部というのは、大学によって出題傾向が異なる。たとえば、生物で医学部の教授がつくったとしか思えない、人体や遺伝についての高度な問題を出題する大学もあれば、東京医科大学のように、一般の単語集に出ていない医学英語を注釈なしで出題する大学もある。

もしその大学に即した対策をしないで受験したらどうなるか。

よほどの秀才でないかぎり、思うように点数をとれないであろう。よく「東大受かって早慶落ちる」ということがあるが、東大に合格するほどの偏差値があっても、早慶専願で勉強をしてきた受験生には負ける。

医学部の場合は、**行きたい大学に特化した勉強をしているほうが絶対的に有利なのだ。**まず志望校を選ぶこと（高二くらいで決めておいたほうがさらに有利だ）が、受験の成否を決めるといっても過言でない。

しかし、志望校を選べといわれても、どこの大学がいいかわからないという受験生もいるだろう。そんな受験生には、「自分にとって受かりやすい大学であればどこでもいい」と私はいっている。

昔は、医師国家試験に受かると同時に医者の扱いを受け、卒業してすぐに大学の医局に所属することになっていた。ところが、２００４年度から医師臨床研修制度が始まり、２年間の臨床研修を受けないと臨床医になれないことになった。

これにより、最初は自分の研修したい病院で臨床研修を受け、その後、大学の医局に入るか、別の病院に就職するか、決められるようになった。

どこの大学を出ていても、マッチングというかたちの試験に合格すれば、自分が選んだ病院で研修できるのだ。逆にそれに受からないと東大医学部を出ていても、そこで研修できない。

だから、まず、**どこでもいいから医学部に受かることが先決**である。だったら受かりやすい大学を選ぶのが賢明だろう。

1-3 自分の得意科目で点をとれる大学を選ぶ

志望校を選ぶ際に重要な手がかりとなるのが、「過去問」である。過去問を解けば、それぞれの大学の出題傾向がよくわかり、自分と相性のいい大学を見つけられる。

一般的なセオリーとしては、**自分の得意科目の問題が難しく、苦手科目の問題がやさしい大学を選ぶ**ことだ。

苦手科目であっても問題がやさしければ、そこそこ点はとれる。逆に得意科目は難しくても、相対的に高い点がとれる。

国公立を狙うなら、センター試験の高得点はマストであるが、センター試験と二次試験の比率は大学によってそうとう違う。

二次試験の科目数も、少ない大学、多い大学、まちまちだ。その中から自分に合った大学を選べばいい。

たとえば、「やさしい問題、標準問題ならそこそこ高得点が狙えるが、難問に弱い」という受験生は、センター試験重視で二次試験の問題がやさしい大学が狙い目である。

反対に「標準的な問題でミスが多いが、難問には強い」というのなら、二次試験の配点が高く、そのうえ、難問がかなり出る大学（たとえば、東京大学）が狙い目ということになる。

一方、「センター試験と二次試験、両方の対策をやる時間（もしくは自信）がない」という受験生には、私立専願を勧める。

「私立の医学部はカネがかかる」と思われがちだが、順天堂大学や昭和大学のように、大幅な値下げをした私立の医学部もある。

昔は私立大学と、とくに旧帝国大学などでは就職先に差があったが、医師臨床研修制度の必修化で、それもなくなった。

私立専願だと受験科目が少なくなり、それに特化した勉強ができる。国公立だと5教科7科目のセンター試験で、85％以上はとらないと合格はおぼつかない。その対策だけで大変なのに、二次試験では各大学がかなり特色ある問題を出すし、論述問題が当たり前になっている。

それに比べて私立の場合、多くの大学で数学100点、英語100点、理科200点（数学60点、英語60点、理科120点という大学もあるが、比率は同じである）という、理科に特化した勉強をしたほうが有利な配点となっている。

数学が苦手なら、埼玉医科大学や順天堂大学の医学部のように、数学が500点満点中100点という大学もある。

帝京大学では、英語は必須だが、残りは5科目の中から2科目を選ぶのだが、「数学を選ばず、国語を選ぶ」という選択もでき、文系が得意な受験生には有利だ。

ただし、科目数が少ないほど、高得点での争いになるから、国公立大学の受験勉強も同時にしようとしていると、時間が足りなくなることは心しておきたい。

私立大学の場合は、合格者がよその大学に流れないように、自分の大学に特化した勉強をしてきた受験生を歓迎するところも少なくない。その大学でしか出ないような医学英語が出題されたり、生物で医学的知識を問う問題が出るが、その対策をやっておけば、相当のアドバンテージになるのだ。

偏差値にとらわれるのではなく、自分との相性も含め、広い視野で志望校を選ぶようにするのがいいだろう。

1-4 過去問は、合格戦略の最強の情報源

「受かればどこでもいい」とはいっても、医学部受験は今も昔も難関である。何しろ14万人の受験者数のうち、合格できるのはたった9000人しかいない。偏差値もウナギのぼりだ。医学部に入るには、最低でも早慶の理工学部レベルの学力が必要とされている。

だからこそ「偏差値を上げることを勉強の目標にするのでなく、志望校の合格者の最低点を目標とする」という発想の転換が必要なのである。

たとえば、国公立医学部の最難関校の一つである、東京医科歯科大学の2014年の偏差値は、代々木ゼミナールで71、駿台予備校と河合塾で70である。東京

大学の理科Ⅰ類の偏差値が、代ゼミ69、河合塾67・5、駿台69だから、東京大学に入るのより難しいことがわかる。

これを合格最低点で見ると、東京医科歯科大学は、センター試験180点満点、二次試験360点満点、合計540点満点中360点から375点程度になっている。つまり、380点とれば合格できるということだ。

センター試験で9割弱、180点満点のうち160点をとれば、二次試験は220点とればいいことになる。

英語に自信があり、120点満点中85点はとれるのであれば、数学と理科で240点満点中合計135点が目標点になり、数学が多少苦手でも、理科で頑張れば合格が見えてくる、ということになる。

逆に、英語は苦手だが理数は得意というのなら、理数で240点満点で165点を目標にすれば、英語は120点満点で55点とれればいいという話になる。

こうした合格点のシミュレーションをするのに大いに役立つのが過去問だ。

過去問は、志望校の受験対策の方向性を決める重要なツールになる。偏差値からは見えてこなかった、各大学の特色がよく見えてくる。

たとえば、奈良県立医科大学と岡山大学の医学部は、河合塾調査のセンター試験の得点率が87％、二次試験の偏差値が67・5と、まったく同レベルの扱いを受けている。しかし、出題傾向はそうとう異なる。

英語の英作文を例にとると、奈良県立医大では比較的標準的な和文英訳のみが出題されているのに対して、岡山大学では和文英訳だけでなく、自由英作文も出題されている。

自由英作文というのは、英語の問いかけや、あるシチュエーションに対して、自由に英語で答えを書くものだが、日本人の場合、英作文にしやすい日本語をつくるトレーニングが重要になり、特殊な対策が必要になる。明らかに岡山大学のほうが、英語対策にかける時間が長くなるのだ。

ところが、生物の過去問を見ると、岡山大学では知識問題は教科書レベルで十分なのに対して、奈良県立医大では、ある程度、医学的知識が必要なレベルの問題が出題される。計算問題も年度によって出題内容、形式、ともにバラバラだ。

要するに、奈良県立医大に合格したいなら、そうとうハイレベルな生物対策をやらなければならない。

だとすると、この2校の受験対策は、奈良県立医大を受けたいなら、英作文の対策はそこそこにして、生物に時間をかけるべきだろうし、岡山大学なら、英作文対策に十分時間をかけて、その分、生物はセーブするのが賢明だ。センター試験の得点率や偏差値が同じでも、対策はまったく異なるのだ。

学校や予備校の指導のとおりに、当たり前の受験勉強を行うより、**過去問を見て自分に合った受験計画を立てるほうが合格確率は高くなる**のである。

1-5 志望校に的を絞った対策が、合格への近道

医学部受験では、その大学独自の対策をしておかないと、大量失点につながる可能性がある。

だが逆に、**大学ごとの独自性が高いがゆえに、過去問から傾向をつかみやすい**ともいえる。

医学部というのは、今でも単科の大学が多く、教員の絶対数も総合大学より少ない。たとえば、東京医科歯科大学は、総合大学と比べると、数学や物理の問題を作成できる教員が少ないことは否めない。おそらく数学の問題をつくるのは、数人（下手をすると1人）の教養課程用の数学の教員だけだろう。多くの私立医

大（ここも単科が多い）でも似たような状況のはずだ。それだけ、傾向が偏り、出題内容を予測しやすいといえる。

それに比べて東京大学は、理学部数学科（基本的には大学院数理科学研究科と兼任する）の教員が教授だけで29人、常勤教員ポストが60人ある。そのほかに教育学部や経済学部や教養学部にも数学の問題がつくれる教員がいる。

私の知り合いの数学科の先生に聞いても、自分のつくった問題が採用されるのは、5年に一度くらいだという。それだけ傾向はつかみにくいかもしれない。

また生物は大学ごとの特徴がはっきりしている。単科の医学部の場合、教養課程用に雇われた生物の先生のほか、医学部の教員が問題をつくっていると思われる大学が多い。生理学や生化学の教員が問題をつくるのだ。

そのため、高校のレベルを超えるような計算問題などが出ることがある。解剖学の教員がつくることもあるためか、人体の複雑な問題が出ることも珍しくない。

いずれにせよ、対策をしないと数十点の差をつけられてしまう。逆に**対策をしておけば、かなり有利に得点できる**。

そのほか、東京医科大学のように、英語の問題で医学用語を注釈なしで出題した学校もある。こうした特殊な単語は一般の単語集に出ていないが、研修医用のポケット単語集で十分カバーできる。

こういう単語などは、その大学を受験する際にはキーワードになることが多いので、対策をしていないと、大幅に減点される可能性がある。

できるだけ早い時期に過去問を研究し、志望校を決め、その大学独自の対策を立てることが、受験を有利にするものと心得てほしい。

1-6
医学部受験に必要な絶対基礎学力をチェックしておく

これまで志望校対策の話をしてきたが、では対策をしていれば医学部に合格するのかというと、そうはいかないのが医学部受験の難しいところだ。学年でトップレベルの秀才が、志望校対策をしていなかったために医学部に合格できないということは確かにある。

しかし、劣等生が志望校対策だけで合格できるかというと、これも残念ながらない。

かつては偏差値30台というような、信じられない私立の医学部が存在したが、今は、かなり学費の高い新設私立といわれる大学でも偏差値が60を切ることはない。早慶の理工学部レベルの学力を持ち合わせたうえで、志望校対策もしなければ合格できないのが医学部受験なのだ。

国公立大学のハードルはさらに高い。5教科7科目のセンター試験で8割はマストだ（もちろん、8割というのは合格者の最低点ということで、二次試験でかなり高い点をとったから合格できたというだけの話だ）。要するに、医学部受験には絶対クリアしなければならない「共通学力」が存在するのだ。

そのレベルはどの程度のものだろう。

私の見るところ、**英語ならセンター試験で9割レベル、数学ならセンター試験でミスをしなければ満点をとれるレベル**ということになる。

理科の配点の高い私立大学の場合は、もう少し低い得点でも、志望校対策が万全なら逆転は可能だろうが、一応の目安として目標にしたい数字である。

これが高三に入った時点で達成できていれば、あとは、志望校に特化した対策を1年やれば、よほどのハイレベルの大学でなければ、センター試験の足切り点も、志望校の合格最低点も、クリアできるはずだ。

ところが、受験生の中には一所懸命勉強しているのに点数が伸びない人がいる。「生まれつきの素質や地頭がない」という意見に納得する人が多いが、私はこの意見に与《くみ》しない。

できないのは、生まれつきではない。絶対的な基礎学力がないから、勉強をしていても伸びないのだ。

たとえば、小学校レベルの計算力が十分でないと計算が遅くて、なかなか問題集が進まなかったり、不正確な計算のために途中で答えがおかしくなり、理解が困難になったりする。

また、化学や生物の計算問題は、原則として四則計算が速く正確にできないと点数がとれない。

そのほか、中学レベルの計算力がないと、かなり解答が詳しい問題集をやっていても、上の式がなぜ下の式に展開されるのかがわからない。すると解答を理解できず、つまりは解法も身につけることはできない。

英語にしても、中学レベルの文法がきちんと理解できていないと、やさしい高校レベルの参考書でつまずいてしまう。

この手の絶対基礎学力の欠如は、偏差値のあまり高くない新興進学校や、ゆとり教育をある時期まで受けてきた公立学校の生徒、あるいは、せっかく名門進学校に入ったのに、中学一～二年のときに遊んでしまって、基礎がすっぽり落ちている生徒に見受けられる。

絶対基礎学力がなければ、いい参考書や問題集で勉強しても、思ったほど学力が伸びない。

現時点で成績のいい生徒を除けば、**まず絶対基礎学力をつけてから受験勉強を始めるというのが、実は遠回りのように見えて近道**なのである。

1-7

基礎学力として もっとも大切な読解力

数学や英語の基礎学力以上に大切な基礎学力もある。それは読解力である。

私がゆとり教育の反対運動をしていた際に、多くの同志は数学者だった。そして、かつて日本人の数学力が世界一だったのに、学力でアジア各国に負けていることを憂《うれ》えていた。ところが、当時から国際ランキングではるかに順位が低かったのは、自国語の読解力だった。

その後、ネットの普及で高校生くらいでも新聞を読まないのが当たり前となり、長文のブログが敬遠され、１４０字までのツイッターが流行《はや》り、もっと短いＬＩＮＥの即返しが当たり前のコミュニケーションになっているのだから、中学生や高校生の読解力はかなり怪しくなっているはずだ。

実際、高校の物理の先生に話を聞くと、物理の問題が解けない以前に、物理の問題の意味がわからない生徒が多いと嘆いておられた。

英語にしても、とくに医学部英語は長文がトレンドだが、その訳文を読んでも意味が理解できないということは珍しくない。いくら解答のわかりやすい問題集や、名解説の参考書を読んでも、読解力がなければ理解できるはずもない。

読解力をつけるトレーニングは独学では意外に難しいが、**読解力は医者になってからも一生役立つ。中学受験用の国語の問題集や参考書をやるのも一つの手**だし、出口汪氏の『論理エンジン』『システム中学国語』シリーズ（水王舎刊）など、論理的読解力をつけるのにいい稀有な参考書もある。こういうものにコツコツ取り組むことが大事であろう。

第2章

生活を受験臨戦態勢に整える

2-1

学校のテストより受験勉強を優先

毎年、受験が終る頃になると、高校生が「受験モード」に入る。この時期に受験生になるべきだと私はいっているが、受験モードになったから「受験生」になれるというわけではない。

私のいう受験生とは、受験に特化した勉強を行う高校三年生（もっと早くからそうしている人もいるかもしれない）、浪人生、あるいは社会人のことである。

今は大手予備校が医学部特進コースをつくり、医学部受験に特化した授業を行っている。しかし、私にいわせたら、それも「受験勉強」とは違うのだ。

なぜ、予備校の医学部コースが厳密な意味で受験勉強といえないかというと、全員に同じことをやらせるからだ。

前述したように、医学部受験の最大の特徴は、大学によって出題傾向が大きく異なることである。志望校に特化した対策を立てている受験生は有利だが、そうでなければ、学校や予備校でかなりの優等生でも落ちることが珍しくない。

受けたい学校に応じて違う勉強をする、これが医学部受験の勉強の本質なのである。

小規模で費用の高い医学部予備校の中には、学校別の対策を謳《うた》うところもある。しかし、高校三年生になっても基礎学力に穴がある受験生もいれば、得意科目はきちんと仕上がっている受験生もいる。

スタートレベルが違うのであれば、同じ内容を教えるより、個人に合わせた勉強メニューを立てることが必要なのだ。

受験生になったら、普通の高校生のように学校生活を楽しむのをやめるとか、遊ぶ時間をつくらないとか、睡眠時間を削るとかいった禁欲的な生活を想像する人も多いだろう。しかし、受験勉強は、時には余裕がないと続かない。

私がいいたいのは、**「志望校の受験対策に役立ちそうなことはするし、そうでないことにはできるだけ力を注《そそ》がない」**ということ、そして「勉強を受験を意識したものに変えろ」ということだ。

1年上の受験が終る頃、ちょうど高校二年生最後の期末試験がある学校も多いだろう。少なくともそれが終った時点で、受験に役立つことを最優先する。

受験生になったら、**中間試験や期末試験も赤点をとらない程度にそこそこにしておけばいい。**

高校の勉強との両立に悩む人は多いが、受験生になったら、まず受験勉強を優先させるべきなのだ。

2-2 自分のスタートレベルの実力を知るには

受験勉強というのは、現在の学力と志望校の合格者の最低点とのギャップを埋め得る勉強をすることである。

「受験生」になったのが春とするならば、高校三年生や浪人生は9~10カ月で、高校二年生なら2年足らずで、合格最低点を確実にクリアできる実力をつけなければならない。

合格最低点が、400点満点中280点というような大学を受ける場合、過去問をやってみて、220点くらいとれれば、あとの1年間で60点（用心のために80点くらいは欲しいが）伸ばせばいい。英語が合格ラインに乗っているのであれば、合格ラインに乗っていない科目を重点的に勉強する。

浪人生の場合は、何を伸ばせばいいのかがはっきりしているのに、予備校の授業をすべて受けて、みんなに合わせて勉強するというのは、いかにももったいない。これは、比較的できのいい高三生にも同じことがいえる。

一方、今の学力ではとても医学部を受験できるレベルでない、あるいは、高校一年生や二年生で学校の勉強も危ないというケースは、また少し話が異なる。

こういう場合、前述したように、受験勉強に入る基礎学力が足りていない。医学部受験の多浪生は、この手の基礎学力不足のために、成績が伸びないケースが多い。

成績が思うように上がらないと悩んでいる受験生は、おそらく自分の基礎学力に問題があることに気づかずに勉強している。

模擬試験や中間・期末試験で学力が足りないことはわかっても、自分が小学校や中学校のレベルでつまずいているということがわからないのだ。

わざわざ中学レベルの学力をチェックしてくれるとか、小学校レベルの計算力があるかないかを調べてくれるとか、そんなテストを高校生になってすることはまずない。

問題の意味や英語の訳文の意味がわかっているかどうかという、読解力のチェックを受けることもめったにないだろう。

私は、志望大学別の大学受験勉強法の通信教育（緑鐵受験指導ゼミナール）を20年以上やってきている。

その中で、われながら「これは発明だ！」と思っているものに、基礎学力をチェックする「スタートレベル判定テスト」がある。

受講を開始する学年にもよるが、医学部受験生のクラスであっても、英語なら中学英語の学力チェックを行うし、数学なら小学校の計算力も見る。

そして、そういうところに穴があるようなら、中学受験用の計算問題集や『くもんの中学英文法』（くもん出版）のように、わかりやすくて、中学レベルの復習がきちんとできる問題集や参考書を宿題に出す。ここがクリアできないと、まともな受験勉強に入れないからだ。

この手の勉強をやらせることで、その後の学力の伸びが違う。志望校を決め、合格者の最低点を知ることでゴールがわかったとしても、スタート時の学力がきちんと把握できていなければ、この1年間、何を勉強すればいいのかわからなくなってしまう。

中学受験用の計算問題集や高校の入試問題などをやって、自分の基礎学力に問題がないかどうかを、一度きちんと調べることをぜひお勧めしたい。

2-3 どんな問題集、参考書を選んだらいいか

自分のスタートレベルの学力と志望校の合格最低点がわかれば、これからどれくらいの勉強をすればいいのか、具体的にいうと、これからどのくらいの参考書と問題集をやればいいのかがわかる。

志望校を絞って、それに特化した勉強をするということであれば、高校一年生や二年生の場合、それほど無理な量をこなさなければならないということはないはずだ。

高校三年生の場合、やらなければならないことがあまりに多いならば、2年計画にするか、受験科目数が少なくてすむ私立専願にするかを決めなければならな

い。少なくとも、やるべきことが具体化すれば、勉強のモチベーションは上がる。

といっても、たくさんの問題集や参考書の中からどれを選んでいいかわからないという人や、今の学力が十分でないために、志望校の傾向分析が自分では困難という人もいるだろう。高校一年生や二年生であればなおさらだ。

一つの方法として、**志望校に合格した先輩が使った参考書や問題集を教えてもらう**という手がある。

合格した先輩なら、志望校の傾向分析や、やるべきことの把握が的確だった確率が高いからだ。どのような受験計画を立て、実行したのか、参考になる点はいろいろあるだろう。

私が主宰している緑鐵受験指導ゼミナールでは、こうした受験計画の作成代行のようなことをやっている。

私の監修の下、東大生のスタッフが受験生から志望校を聞き、その傾向を分析して、ベストチョイスの参考書や問題集を選ぶ。もちろん、その受験生の学力に応じて、アドバイスも宿題も変わる。

まず「スタートレベル判定テスト」を解いてもらって、現状の学力を把握する。小学校レベルの計算問題や中学校レベルの英語などに穴がないかまでチェックするので、自分が気づかないような基礎学力の不足も判定できる。

さらに、プロフィールリストのところで、今、どのくらい勉強に使える時間があるかなどを書いてもらい、現実的な範囲で宿題を出す。

宿題をこなすのが難しそうな場合は、2年計画を勧めたり、志望校の変更を提案したりもする。そして、毎月きちんと宿題をやっているかのチェックテストで計画の修正を行う。

こうした合理的な受験勉強をしてもらうことで、毎年のように、地方の無名校から東京大学や医学部に何人も合格させている。

成功している秘訣は、受験計画がその受験生の生活リズムや学力に合っていて、無理がないからだろう。

受験計画でいちばん大切なことは、現実的であることだ。自分で立てるのが不安な人は、もちろん、緑鐵受験指導ゼミナールに相談してもらっても構わない。オーダーメイドなのに、塾や予備校に通うよりはるかに安上がりでもある。

●緑鐵受験指導ゼミナール　http://www.ryokutetsu.net/

2-4 1日、1週間、1カ月単位で計画を立てる

やるべきことが明確になったら、あとはそれを残された月の数で割って、1カ月にやるべき量をはっきりさせていく。

そして、それをおおむね4で割れば（実際、予定どおりいかないときの予備日や復習の日がつくれるので、4で割るのがちょうどいい）、1週間にやるべき量がはっきりしてくる。

1週間の勉強量が決まれば、私はそれを5で割ることを勧めている。そこから1日にやるべきノルマが決まる。

しかしハードな受験勉強の場合、ノルマのやり残しがどうしても出てしまう。

そこで週末の2日はそれをこなす。土曜日にノルマのやり残しを片づけ、日曜日は復習日に充《あ》てるのだ。これによって、スケジュールが狂うこともないし、復習もきちんとできるので、やったことが頭に残る。もし予定より早く勉強が終ったら、ある程度遊んだり、休息に充てたりすることもできる。

1日のスケジュールについては、朝、学校に行く前に、前日の復習と、計算や思考などの問題を解くことを勧めている。朝の復習で前日の勉強が頭に残るし、朝の計算は、その日の脳の働きをよくするという脳科学の研究成果もある。

数学など難しい問題を考えるのなら、通学などで脳が疲れていない朝がいちばんはかどるはずだ。

脳科学の実験結果を見るかぎり、暗記ものは夜にやるのがいい。夜に記憶したことは、寝ている間に脳に書き込まれ、あとあと残りやすいことがわかっている。

このように、**日単位、週単位、月単位で、復習も含めたスケジュール管理を行**

えば、学力は確実に上がっていく。

私は、この手の受験計画を立てた際に、最初の3日は「自分はどのくらいの勉強量なら1日にこなせるか」を把握するためのお試しに使うことを勧めている。思ったより数学の問題を解くスピードが遅いとか、思ったより家で勉強に使える時間が短いとかいうことがわかったら、多少は軌道修正をしなければならない。無理な受験計画を立てて挫折してしまうと、その後の勉強がさっぱり進まないということになりかねないからだ。

お試し計画の作成術に関しては、拙著『受験計画の立て方』（ブックマン社）という本に書いておいた。3日間のお試し計画をつくるためのシート（うまくいかなければコピーをして何回かやってみればいい）など、受験計画を具体化するための付録をいくつもつけたので、ぜひ参考にしてほしい。

2-5
点数が上がる、暗記と思考のバランス

和田式受験勉強法では、勉強量を増やし、より多くの点をとるために、「暗記と思考のバランスを考え直せ」といっている。

世間では、日本史や世界史は暗記科目と思われているし、数学や物理は思考科目と考えられている。

これに対して、私は「暗記で解ける問題が△割、思考で解く問題が☆割」という発想ではなく、「勉強の中で暗記と思考をどの程度行うとベストか」を考えろ、といっている。

たとえば、暗記科目とされている社会科にしても、教科書の丸暗記より、まず問題集を解き、どこが出ているのかを把握してから勉強するほうが効率的なことが多い。こうすることで暗記の量を減らし、考えながら社会科ができる。

逆に、公式だけ覚えてあとは考えろとされている数学については、公式がどのように使われているかという解法を覚えたほうが、問題を解く際に、「あの解法が使えそうだ」とひらめくことが多い。

将棋にしても、コマの進め方を知っているだけでは、なかなか勝てない。棋譜《きふ》という、どんなふうに試合が進んでいくのかのパターンをたくさん覚えているほうが強いのだ。

要するに、**暗記を増やして思考を減らしたほうが、多くの受験生にとっては時間の節約にもなるし、点数も上がる**ことになる。

英語だって、単語や熟語をやみくもに6000とか1万覚えるより、基礎的な2000語くらいを覚えたら、どんどん文章を読み、意味を考えながら、その中で出てくる単語を覚えていったほうが、時間の節約になり、試験の点数も上がる。

もちろん暗記と思考のバランスには個人差がある。暗記をたくさんするほうが得意な人も、思考をたくさんするほうが好きな人もいるだろう。

その場合は自分の特性に合った勉強をすればよい。要は受験を上手に進めていくために、**自分に合った暗記と思考のバランスを考えてみる**機会を持ってほしいということだ。

2-6 脳をよく働かせるための食事と睡眠はこうする

近年、「早寝、早起き、朝ごはん」が学力を向上させ、やる気を持続させることが知られるようになった。

では、受験生はどのくらい睡眠をとればいいのか。私が精神科医のせいか、よく聞かれる。

実は、ベストの睡眠時間というのは意外に個人差がある。アインシュタインは10時間以上、ナポレオンは3時間、エジソンは4時間だったといわれる。真偽のほどは定かではないが、アインシュタインが長時間睡眠で、エジソンやナポレオンが短時間だったのは確かだろう。

私は、受験生であれ、受験を意識している中学生であれ、**自分のベストの睡眠時間を、春休みなどを利用して知っておく**のが賢明だと思っている。

1週間くらいかけて、5時間、5時間半、6時間、6時間半……という具合に目覚まし時計をかけ、どの日が翌日いちばん調子がいいか、検証してみるのだ。

それに加えて、何時に寝て何時に起きると調子がいいかも知っておくといい。体内時計というのは複雑で、同じ6時間寝ても、それが体内時計に合っていれば熟睡感が得られ、翌日の調子もいい。そうでなければ、あまり眠れない、あるいは翌日、調子が悪いということがあるようだ。これも実験しないとわからない。

「陰山《かげやま》メソッド」で有名な陰山英男先生は、睡眠と学力に密接な関係があるといっている。**脳がよく働く睡眠条件をつかんでおくことは、これからの勉強の効率を大きく左右する**のだ。

もう一つ陰山英男先生が重視しているものに、朝ごはんがある。脳はデリケートな臓器で、その栄養になるものはブドウ糖しかない。ブドウ糖が足りなくなると脳の働きは確実に悪くなってしまう。

朝ごはんと昼ごはんの間は4時間程度、昼ごはんと晩ごはんの間は7～8時間なのに対して、晩ごはんと翌日の、朝ごはんの間は12時間近くあいてしまう。朝、脳は低栄養状態にあるのだ。そのうえに朝ごはんを抜いてしまうと、午前中、脳がまともに働かなくなってしまう。

陰山学級でも**朝ごはんをみんながしっかり摂《と》るようになったら、生徒の意欲が目に見えて向上した**そうだ。

朝ごはんだけでなく、さまざまな栄養が脳によいという説もある。そのため、**1日に摂る食事の品目が多い子供ほど、学力が高い**というデータもある。

もちろん、これは栄養だけの問題でなく、親がどれだけ手をかけているか、愛情をかけているかの指標だからという考えもある。

ただ、私は精神科医の立場から、タンパク質はしっかり摂ったほうが得策と考えている。タンパク質は筋肉の材料になるからという理由だけでなく、タンパク質からつくられるトリプトファンというアミノ酸は、セロトニンという神経伝達物質の材料になる。

このセロトニンが足りなくなるとうつ病になるという説が有力だし、セロトニンが十分なときは気分がよい、という考えも根強い。

要するに、**肉を食べたほうが脳の働きもよく、機嫌よく勉強できる**のだ。

とくに女子受験生にいっておきたいのは、中学生や高校生のやせ願望や過度なダイエットは脳に悪いし、受験の敵である。この時期の過度なダイエットは子宮の正常な発育を妨げ、不妊の原因になるともいわれている。

ダイエットは大人になってからいくらでもできるのだから、女子受験生もしっかり食事を摂って勉強に励んでほしい。

2-7 時間の有効な使い方と休息のとり方

受験生活では時間を有効に使うことがとても重要だ。

睡眠時間を削るとかえって能率が下がるのなら、起きているうちの勉強時間を増やすか、1時間当たりの効率を上げていくしかない。それには、**無駄な時間をなくすことが一番**だ。

私は受験生に、**受験の初期である春休みくらいに、「時間の家計簿」をつける**ことを勧めている。

朝起きたときから晩の寝る直前まで、「何時何分から何時何分までトイレに入っていた」「電車に乗っていた」と克明に記録するのである。すると、随所に無駄な時間があることに気づく。

といっても、食事の時間やテレビを見ている時間を無駄だといっているわけではない。

食事も受験のコンディションをつくるために大切な時間であるし、テレビも、どうしても見たいものは我慢すると気が散ってしまうだろう。ならば、それを見る代わりに、残りの時間でちゃんと勉強したほうがいい。

私がいう無駄な時間とは、たとえば8時52分にテレビが終っているのに、9時までだらだらしている時間のことである。電車やバスの待ち時間だって、単語集くらいはチェックできる。

こうした、どう考えても役に立たない時間をつぶしていくだけで、おそらく1日に1時間くらい浮くはずだ。

時間管理でもう一つ大事なのは、休息を上手にとることである。

受験直前の2カ月くらいならともかく、1年とか2年の長丁場で、休息なしに勉強を続けることはできないと考えたほうがいい。

かつての奴隷ですら、週に一度の休みが与えられたそうだ。そうでないと早く死んでしまったり、病気にかかったりしたという。

同じように、全然休まずに勉強をしていると、途中で急にスランプに陥ったり、やる気がなくなったりする。

1日休むだけで回復すればいいが、そのまま回復しなければ、なんのために休みをとらずに勉強したのかわからなくなる。だから**週に一度くらいは休息日を設けたほうが、勉強は長続きする**。

ここで二つ注意しておきたいことがある。

一つは、いくら**休息の日でも、勉強はゼロにしない**こと。一度ついた学習習慣のようなものが、ゼロの日があるだけで崩れてしまう。語学などは休むと、たちまち勘が鈍ってしまう。休息日でも、2時間くらいは勉強するようにしたい。

もう一つは、休息はゴロゴロ寝ることではないということ。

もちろん、1日寝ることでリフレッシュする人はいるだろう。

しかし、**心の疲れをとるのは、自分にとって「楽しい」と思えることをすること**である。

スポーツでも、音楽でも、自分がリフレッシュできるものを探しておくことが、上手な休息術につながるのだ。

第3章

点数アップ確実！
和田式科目別攻略法

3-1 優等生でなくても点数がとれる和田式暗記数学

さて、ここからは各科目の攻略法についてお話ししたい。

和田式受験勉強法を有名にしたのは、何といっても、「数学は暗記だ」と提唱したことだろう。

ただ、大きな誤解が生じてしまったことも事実だ。

一つは、「数学の解答を丸暗記しろ」と思われたことだ。大学入試レベルの数学の解答の場合、たいていは10行を超す数式を使う。それを丸暗記するなど、とうていできない。

数学の答えを覚えるには、まず解答が的確に理解できていないといけない。これを私は「理解型暗記」と呼んだのだが、機械式の丸暗記と誤解する人が多いのだ。解答を丸暗記したところで、少し数字をいじられれば、模擬試験でも入学試験でも役に立たない。私が覚えろといったのは、「どんなふうに公式を応用したり、式を変形したりすれば解答できるのか」という解法のほうだ。

「解答暗記」ではなく、「解法暗記」なのである。

もう一つの大きな誤解は、数学の解法を覚えていくだけで、入試に対応できると思われた点だ。

ある程度以上のレベルの大学入試では、これまで問題集や参考書に出ていた問題と同じ（たとえば数字を変えただけの）問題が出ることはまずない。

しかし、これまでにやったことがあるいろいろな問題のやり方を組み合わせたり、ちょっと変形したりすると、解ける問題も多い。

まったく見たこともないような奇問、難問は、難関校の場合、出ないことはないが、せいぜい、1回の入試に2問くらいまでで、できなくても6割は正答できる。

そういう難問を出す学校の合格者の最低点は6割くらいのことが多いから、少なくともこのやり方で、それはクリアできるということだ。

要するに、**問題演習をたくさんやっていたり、解法を暗記したりしておくと、入試問題や模擬試験で、「見覚えがある」「方針がたつ」「自分でヒントを思いつく」問題が増えてくる。**

それが少ない人や、公式だけ覚えて後は自分で考えると思っている人は、ノーヒントで難問に当たるようなものだ。

ベクトルならベクトルの問題を50問から100問、数列なら数列の問題を50問くらい覚えておくと、入試のときに、「見たことがある問題」という感覚がつかめる。それが私の暗記数学の真意である。

和田式の暗記数学には三つのステージがある。

第一段階は、暗記数学には一見関係ないように思われるが、**計算力**である。

計算が速く、正確でないと、センター試験や医学部入試には対応できない。暗記数学にも対応できない。

もし、10行もある数式を覚えようと思ったら、上の式が下の式にどうして変形されるのかを理解しなければならない。それには式を即座に計算できないといけない。基本的な計算力がない人間には、理解型暗記も暗記数学も困難なのである。

第二段階が、前述した**解法暗記**である。

頭の中に解法のストックがなく、自力で解けというから無理がある。できる子はそれが可能だし、スピードも速い。しかし、できない子は、多大な時間がかかったあげく、挫折してしまう。

私が暗記数学を思いついたのは、私が灘の学生だった頃、まわりの優等生が、私が1時間かかっても解けない問題を5分や10分で解く姿を見たからだ。優等生ならともかく、普通は解法暗記をしないと、とても勝ち目はない。

第三段階が**試行力**である。

要するに、これまで覚えてきた解法を、実際の入試問題を使って、自力で解くトレーニングをするということだ。これまで覚えた解法を使って、「あのやり方でできるかも」「別のやり方を試してみよう」という試行で数学の難問にあたっていくのだ。

「数学は理解だ」といわれるより、「暗記していれば合格するかもしれない」と思うほうが劣等生をやる気にする。

私の緑鐵受験指導ゼミナールで講師をしている何人かの東大生からも「そのおかげで自分も東大に入れた」と聞いた。

私の暗記数学については、拙著『受験は要領』（PHP文庫）、『増補2訂版 数学は暗記だ！』（ブックマン社）等にまとめている。参考にしてもらえると嬉しい。

3-2

英語の長文攻略法は、英文をどんどん読むこと

「数学は暗記だ」という言葉が一人歩きして、和田式受験勉強法は暗記を主体としたものという誤解がある。しかし、私は数学以外の科目では、暗記と思考のバランスを考え、むしろ暗記量を減らしたほうが合格につながると提言している。

その代表が英語である。

英語というと、単語であれ、熟語であれ、アクセントや文法であれ、覚えることが多く、その量が多い人ほど有利と思われている。

日本人が当たり前に5万語くらいの日本語の単語を覚えているように、英語を母国語とする人々も数万語の英単語を人生経験の中で覚えているという。

ところが、彼らが英問英答のTOEFL®のようなテストを解くと、東大受験生に勝てないことがざらにある。

どんなに覚えていることが多くても、考える力がないと英語のテストでは点がとれないのである。

和田式の受験英語勉強法では、単語であれ、熟語であれ、文法であれ、基本レベル（英単語なら2000語、文法なら高校一年生レベル）を終えたら、**どんどん英文を読んでもらう。そうして文法がどのように使われているかを考えたり、前後の文脈から意味を推測したりすることで、単語や熟語を覚える。**

こうすることで、暗記より思考を増やし、英文を速く読む能力、実際に使える文法力、単語集で覚える以上の英単語力を身につけるのだ。

詳しくは、拙著『和田式　受験英語攻略法　3訂版』（学研教育出版）を参考にしてほしいのだが、和田式は医学部の受験英語対策に非常にいい。

というのも、最近の医学部の入試問題（とくに私立大学）では、文章の難度は高くないが、長い文章が何題も出題される。構文が複雑な文章より、科学論文にありがちな単純な構文の問題が多い。

これは医者になってから、医学論文をおっくうがらず読むような学生を入学させたい、という大学側の意思の表れなのだろうが、対策を間違うと合格点をとりづらい。

たとえば、慶應義塾大学の医学部の入試問題では、2000語前後の長文問題が出るうえに（400語から500語の英文が4〜5題）、英作文の問題も出題される。

英作文の問題をゆっくり考える時間や、設問にきちんと取り組む時間をとりたければ、1分に200語レベルのスピードで読めないといけない。まさにネイティブ並みのスピードだ。

数学の場合は、難問が出たら捨てても受かることができる。

だが、英語の場合、理数が高得点でないかぎり、時間切れで設問が一問手つかずというのは命取りになる。だから、**速読練習は医学部英語対策に必須**といえる。

英文の速読力は、一朝一夕で身につくものではない。

まずきちんと辞書をひき、文法をチェックして熟読する時期（この時期に語彙や文法力も強化する）を経て、どんどん読み慣れていく速読期がある。

速読期にはパラグラフ・リーディングの練習もついでにやって、スピードにも自信をつけておきたい。

この対策は早めに始めるにこしたことはない。

3-3 英作文対策の王道は、短文をたくさん覚えること

一方、英作文については、英語の短文をたくさん覚えることに勝るトレーニングはない。

英作文は、単語や熟語をたくさん覚え、それを正確な文法でつなげれば書けるというものではない。コンピュータの翻訳ソフトでも、かつては膨大な量の単語と熟語をインプットし、それを文法的につないで翻訳させていた。ところが、これだとネイティブの人からみて、「奇妙な英語」になってしまう。

現在の英語の翻訳ソフトは、膨大な量の英文を覚えさせ、日本語を入力すると、それに一番近い英文を選びだし、主語や名詞を変える程度にしているとい

う。これだと元の日本語とは若干ずれる可能性はあるが、英文としてはきれいなものになる。

少しでも多くの文章を覚えておくと、英作文の問題が出たときに、自分の知っている文章に近いものを使え、ナチュラルな英文になる。

ある程度の英単語と文法を身につけたら、どんどん英文を読むのが長文対策の必勝策ならば、**どんどん英文を覚えるのが英作文対策の王道**なのである。

英作文については、最近、自由英作文がトレンドになっている。絵を見せて、その状況について英語で説明するとか、英語の問いに対して英文で答えるとかいう類《たぐい》のものである。英語的なセンスを問うということなのだろうが、この手の問題は、単科の医学部より、総合大学の医学部入試で出題される傾向がある。

東京大学の理科Ⅲ類では（というか、東京大学の入試全体で、ということなのだが）、ずいぶん昔から出題されていたし、北海道大学、岡山大学、千葉大学など、多くの国立大学で出題されている。

北海道大学のように、英作文は自由英作文しか出ない大学もあれば、岡山大学のように、自由英作文と旧来型の和文英訳のような問題が出る大学もある。

自由英作文の基本は、英語にしやすい日本語をつくることである。

問いにある絵を見たり、問いかけを受けたりした際に、いろいろな答えがあり得るだろう。その中で、いちばん自分の知っている英文が使えるものを選ぶ。問いかけの意味が理解できていないとか、あまりにトンチンカンな答えでないかぎり、**英文が正確なほうが減点の対象にはならない**からだ。そういう点では、問題に慣れておくことと、なるべく多くの英文を覚えておけば、そこそこ点がとれる。逆に問題に慣れていなかったり（つまり旧来型の和文英訳の対策しかしていない場合など）、英文をあまり覚えていなかったりすると点がとりにくい。

ただし、千葉大学のように、空所補充型の自由英作文が出る大学では、むしろ語彙力や文法力が問われることもある。自由英作文が出題されるかどうかも含め、過去問を参考にして確認しておこう。

3-4 センター国語必勝法は、ひたすら過去問を解く

数学、英語の対策を論じたあとは、医学部受験国語の話をしてみたい。

私自身、受験生時代、国語は非常に苦手だった。東大オープンという、東京大学の入試問題と傾向と配点を合わせた模擬試験があったが、80点満点で12点しかとれないこともあった。

当時の東京大学は、漢字が毎年4点出るし、漢文はある程度問題集をやっておけば15点くらいはとれるとされていたので、このときは開き直って、それに特化した対策を行った。目標点は20点だった。残りは数学と理科で点をとるという算段だった。

ただ、私は不幸なことに、共通一次試験の第一期生だった。こちらのほうは、東大理Ⅲの足切り点が1000点満点（当時は理系でも社会科を2科目受けないといけなかった）で930点といわれていたので、国語も200点満点で170点くらいはとらないといけない。とにかく練習を重ね、五肢択一問題に慣れるようにした。

共通一次であれ、センター試験であれ、解答を新聞で公表する以上、見解が分かれる問題は出題されない。

苦手の現代国語でも、慣れてくると出題者の意図やひっかけ問題が読めるようになり、「この答え以外はない」というのがつかめるようになった。

東大オープンの国語の得点は相変わらず悲惨だったが、共通一次の本番では190点くらいとれたと記憶している。

というわけで、**センター国語については、古文と漢文は基礎的な問題集を何か一つ完成させ、その後はひたすらセンター試験の過去問を解くこと。現代国語に**

ついては、最初からセンター試験の過去問を解くことが必勝法だと信じている。

国立大学の場合は、二次試験で国語が出る大学もある。現代国語については、昔と比べて詩の解釈のような問題が減り、論理的な文章を読ませる問題が増えている。

こういう問題は、定評があり、わかりやすい国語の読解参考書（出口汪氏や船口明氏のものなど）をやったうえで、実際の入試問題に数多く当たると、ある程度は得点できる。

それでもダメなときの究極の国語対策は、国語が出題されない大学を受けることだ。私立の場合は原則的に入試で国語が出ないし、国公立の二次でも国語のないところが大半になった。

国語の受験対策は、「やらない」か「問題集を数多く当たる」が王道である。

3-5 点数の比重が大きい理科対策だが、高三になってからでいい

理科対策は、国語対策よりはるかに大切だ。

私立大学医学部受験では、配点が「英語1：数学1：理科2」という大学が多数ある。

英語や数学が多少できても、理科ができないと合格できないのだ。逆に、英語や数学の仕上がりがイマイチでも、理科の頑張り次第では逆転が可能というわけだ。

国公立大学では、センター試験で理科は必須だし、二次試験で理科のない大学は、旭川医科大学や秋田大学など数校だけ。九州大学はセンターで生物が必須、

二次で物理・化学が必須なので、結果的に3科目受験ということになる。

このように、**理科の比重が大きいのが医学部受験の特色**である。

すると、少しでも早く理科対策を、と考えがちなのだが、そこにいくつか落とし穴がある。

たとえば物理は、三角関数、微分積分、ベクトルなど、数学の基本が身についていないと理解が進まない。数Ⅱ、数Bのレベルまで数学を終えていないのなら、始めても損なのだ。

一方、生物や化学のように、単純暗記が多い科目は、あまり早く始めても忘れてしまう。早く始めることが必ずしも得策ではないのだ。

もっと問題なのは、理科対策に早く着手したために、数学や英語の学力がしっかり伸びないことだ。

数学や英語は身につけるのに時間がかかるが、いったん身についたら成績が落ちにくい。

よって、これをしっかり仕上げることで、高校三年生や浪人の時期に理科に専念できるようにするほうが、医学部受験では有利といえる。

よほど数学や英語の仕上がりがよくないかぎり、**高校二年生までは英語と数学の学力を伸ばせるだけ伸ばし、理科は高校三年生以降に専念**するほうが、医学部受験の合格に近づけると心してほしい。

3-6 出題傾向がまったく違う理科は、志望校を決めてから

医学部理科というのは、志望校によって出題傾向がまったく違う。

たとえば化学である。細かい知識を問い、それを覚えてくれば高い点がとれる「暗記科目」として出題をする大学もあれば、計算問題・考察問題に重きを置いた「思考科目」として出題する大学もある。

北海道大学の化学の入試問題では、理論問題でも細かい知識が問われる。これに対して、千葉大学の入試問題では、知識問題が少なく、計算・考察問題が中心となる。

となると、北海道大学を受けたいのなら細かい知識を詰め込む勉強が必要であ

り、千葉大学を受けたいなら、問題演習を重ねる受験対策が得策ということになる。

過去問で傾向をつかんでおかないと、的確な対策ができないわけだ。大学ごとに出題傾向がどう違うかは、過去問で検証するのがいちばんいい。

3科目の中から2科目を選ぶ際にも、過去問が役に立つ。

最近のトレンドとして、医学部は生物受験を求めている印象がある。最近はセンター試験で受けていない科目を、二次試験で受験しないといけない大学もあり、必ず生物を勉強しなければいけない傾向がある。

ところが国公立の総合大学では、そうでないケースもある。

というのは、受験生が「難しい」と感じる物理離れが問題になっており、理系の教育の世界も、文部科学省も、物理受験者を増やしたいという意図があるのだ。

実際、昔と比べて暗記ものの比率が高まり、問題もやさしくなっている。昔

「東京教育大学」と呼ばれた筑波大学などは、物理はセンター試験に毛の生えたくらいのレベルといえる。かりに満点は難しくても、9割は狙える問題である。

一方で、生物の問題はそうとうに難しい。見なれない設定の考察問題も出るし、計算問題も頻出される。これは計算問題が苦手で生物受験を選択する人にはつらいパターンだ。さらに100字論述の問題が複数出題された年もある。これも理系の受験生にはつらい。いいとこ7~8割狙いだろう。

となると、筑波大学を受験するなら、物理選択が圧倒的に有利というわけだ。

このように**理科対策は過去問の分析が欠かせない。科目の学力を上げるという発想を捨て、志望校を決め、過去問を見たうえで受験対策をする**ほうが圧倒的に有利なのである。

3-7 単科大学の医学部は、志望校に合わせた対策で高得点が見込める

医学部受験の特異性の一つに、単科の大学が多いということがある。県立の医科大学、一部の国立大学もそうだが、私立大学の場合、ほとんど単科といっていい（総合大学でも医学部だけ別の入試になる場合、単科と変わらないことが多い）。

単科の医学部は出題者が限られるため、出題傾向が偏る。その分、傾向がつかみやすい。

受験対策としては、過去問を分析し、傾向を的確につかむことが重要だ。予備校等の講習を受けるにしても、その分野に絞った講習を受けるのが賢明だろう。

傾向がつかめてもどうも苦手だという場合は、志望校を変えるという選択もあ

る。

それまでの出題者が退職し、別の教員に交代するということもあり得るが、大学のホームページで教員紹介をチェックしていれば、傾向のだいたいの予測はつく。

単科の医学部受験の場合、医学部の教員が出題することが珍しくないという点も重要だ。これがとくに生物の問題を難しくしている。

数学や物理のような科目であれば、教養課程のために雇われた、その専任の教員が出題することが多いが、生物は医学部の教員でも問題を作成できる。

遺伝の問題などであれば、むしろ教養課程の生物の教師などより、専門家といえるかもしれない。数学や物理と違って、複数の人間が問題作成にタッチできるというメリットもある。

ただ、彼らの問題は、つい専門的になりすぎてしまうこと、あるいは高校で習っていないことまで出題しかねないことだ。

実際、高校で習わないような人体の解剖の問題を出す学校もあるという。滋賀医科大学では、植物関連の出題は遺伝子関連ばかりだし、基礎医学関連の出題率がきわめて高い。福島県立医科大学でも、生物は遺伝・生理・生態系から2テーマ3題の出題が通例となっている。

医学部の教員の中には、英文の論文を書くのが得意な人や、留学経験がある人も珍しくない。そういう教員が英語の問題を出題する場合は、医学論文のようなものを読ませることもある。

東京医科大学では、"diarrhea"のような医学用語が注釈なしで出題された（これを訳せという問題ではないが、通常の英単語集には出ていないだろう）。これにしても、研修医が使うようなポケット医学用語集のようなものの重要単語を覚えていくだけで、かなりの差がつくはずだ。ちなみに、総合大学の医学部ではこの手の出題はまずない。

単科の医学部では、その大学に合わせた対策をとれば、かなりの高得点が見込

める。

しかし、対策を怠れば、模擬試験の成績がかなりいい受験生でも低い点数になりかねない。そのことを肝に銘じておきたい。

3-8 入試面接では、医学に興味があるか否かが見られている

現在、東京大学などを除いて、ほとんどの大学で入試面接が行われている。東京大学は行わない例外であったが、2018年の春入試から、それが復活（一度廃止されている）することになった。

ＡＯや推薦入試（とくに自己推薦入試）では、面接の点がよければ、ペーパーテストの点が多少悪くても逆転合格があり得る。ところが、医学部の入試面接では原則としてそれは行っていない。

では、**何のために入試面接をやるのかというと、「落とすため」**である。

以前から問題になっていることだが、偏差値が高いとか勉強ができるとかいっ

た理由だけで、たいして医学に興味や関心がないのに、あるいは患者と話したり、血を見たりするのが嫌なのに、医学部を受験する受験生は少なくない。

そういう学生が医学部に入学した場合、医者に向かないといってすぐやめたり（解剖実習に耐えられなくて中退ということもあるらしい）、卒業しても、条件がよければ、外資系の金融機関やコンサルタント会社に就職したりすることもある。

国立大学の医学部の場合、卒業するまでに、一人当たり年間約1000万円の公費が使われる。もし学生が医者にならなければ、その分、税金が無駄になる。そういう受験生を入れないために、ペーパーテストで合格ラインを超えても、面接で落とすことがあるのだ。

では、どういう受験生を落とすのか。

まず体力的、精神的に勉強に耐えられそうもないケースは不利になるようだ。心の病が疑われると落とす大学もあるらしい。要は、健康状態に問題があると落とされる傾向がある。

研究至上主義の大学では、研究向きではないと思われれば落とされることもあるようだ。

一般的には、**医学に興味や関心がないとみなされる受験生が落とされる**。しかし、正直に「君は医学に興味や関心はあるの？」と聞いてくる大学もないだろう。

では、それをどうやって「客観的に」判断するのだろうか？

たとえば、今年、オートファジーで大隅良典栄誉教授がノーベル賞をとったので、「オートファジーを働かせることが医学に応用されれば、医学はどう変わるか」というようなことを聞かれることは十分にあり得る。

あるいは、「着床前診断について、あなたはどう考えますか？」というのもあるだろう。

「ジカ熱の防疫について何か考えたことがありますか？」というようなトピックも出るかもしれない。

こういう問題は、実は医者の間でも意見が分かれていたり、きちんと答えられなかったりする人も多い。しかし、ここで解答につっかえて「よくわかりません」などと答えたのでは話にならない。いずれも一時期、新聞紙上でさんざん取り上げられた話題である。

受験勉強が忙しいのはわかるが、話題の医学記事にさえ目を通していないのなら、「あなたは本当に医者になりたいの？」と言われても仕方がない。

今の医学部の入試面接の建前は、勉強ばかりできて、あるいは、偏差値がたまたま高かっただけで、医学にあまり関心がないのに医学部を受ける学生を排除するということだ。

対策としては、**新聞の医学関係の記事くらいは読んでおく、時事問題のキーワード集から医学関係の用語だけは目を通しておく、『ＮＨＫスペシャル』などで医学関係の特集があれば見ておく**ということになる。

どうしても時間がとれないのなら、親が代わりにチェックして、子供に読ませてもいい。

とにかく、医学に興味や関心を持っているように「見える」程度には知識を持っておきたい。

3-9 小論文は「型」書きが有効。添削でトレーニングを

医学部入試の小論文は、大学によって出題傾向がまったく異なる。

英文を読んで意見を求めるような、実際は英語力をみているような問題もあれば、理科、とくに生物の代わりのような問題もある。

あるいは、文章を読まされたうえで、「〜と述べた理由を述べよ」と問うような、実質的に国語の代わりという大学もある。長文なだけで、実際は数学の問題を出してくる大学さえある。

「ゆとり教育」のような社会問題を出題する大学もあれば、かなり深いレベルの医学的なことを問う大学もある。

そうなると、一般的な小論文対策をするほうが有利な大学もあるし、医学的な知識を体系立てることが重要という大学もある。

志望校の小論文にどのような傾向があり、どのようなトレーニングをすればいいかということを、過去問からつかむことが、実は医学部入試小論文対策の第一歩なのだ。

おそらく、医学部を受けるような理系の受験生は国語が得意でない人も少なくないだろう。私自身、作文は嫌いだった。今だって自由な作文は苦手だ。しかし、**小論文はある種のトレーニングを積めば必ず成果が出る。**

そのトレーニングの一つが、樋口裕一氏の主唱する**「型」書き**である。

まず、問題提起を行う。

たとえば、「奇形や障害の起こり得る子供を、着床前に診断ができるようになって、それを行うかどうかの倫理的な問題が生じている」というふうに。

次に、それに対する意見を言う。

樋口氏は、この際に最初からＹＥＳ、ＮＯを答えるより、「たしかに△△であるが、私は☆☆だ」と答えるほうが、考えているように見えるという。たとえば、「たしかに、それによって奇形の子供を産まないですむかもしれないが、私はこの考えに反対である」と受けるのだ。

三段目は、展開である。この場合なら、なぜ反対なのかの根拠や理由を書き連ねていく。ここで樋口氏は、「たった一つの理由でなく、三つくらい書く習慣をつけろ」という。

四段目は、結論である。この場合なら、「したがって、私は着床前診断で、子供を産まないという選択ができるようになることに反対である」となる。

小論文の場合、論文の体裁がきちんとしているか、論理に説得力があるかということがいちばん大事とされる。

出題した教授が着床前診断の推進論者であったとしても、なぜ反対なのかの論理展開がしっかりしていれば減点されない。いくつかテーマを決めて、さっそく「型」書きの訓練にとりかかってほしい。

ただ、自分では「型」書きをしているつもりが、実際はそうなっていないこともある。

私も雑誌のライターのアルバイトをしていた大学時代、編集者にさんざん文章を直された。おかげでうまく書けるようになったのだが、**小論文の初心者には添削をお勧め**する。時間がないなら、小論文の通信添削もある。

樋口裕一先生は、長年、小論文の通信添削を行い、「型」書きがきちんと「型」になっているかを含め、赤を入れてくれる。小論文の基本を身につけるには最適だろう。

小論文というのは、誤字や句読点の位置、改行時に一字下げるのを忘れるなど、つまらないことで点を引かれることも多い。

入試小論文というのは、文章のうまい下手以上に、この手の失点を減らし、きちんとした点数を確保するのが基本である。そういう点でも添削慣れが必要だ。

樋口先生の小論文の添削に興味のある人は左のサイトにアクセスしてみてほしい。

●白藍塾　http://www.hakuranjuku.co.jp/

第4章

本番3カ月前！
まだ間に合う
得点力強化法

4-1 模擬試験で見つかった課題を重点的に勉強

さて、ここからは受験本番3〜4カ月前から直前までに、どのように点数を上げるかについてお話ししたい。

春に「受験生」になったとすると、秋頃にはそうとう勉強が進んでいることになる。秋は模擬試験が花盛りだ。

受験生の模試の利用法としてはおおむね二つあるだろう。

一つは、受験のための予行演習、あるいは力試しのため。

もう一つは、**自分の仕上がり状況の確認や、どういうミスをするか、時間配分はどうかなどのチェック**のため。

この二つ目の利用法のほうがはるかに重要である。

模試を受けると、いろいろな課題が見えてくる。「英語は文法力や語彙力がついてきたものの、速読力が足りなくて、時間切れになってしまった」「数学はまだ数Ⅲ部分がほとんど仕上がっていない」「化学はある程度仕上がっているが、物理は波動など、ほとんどできていない」などである。

そういう課題に気づければ、そこを重点的に勉強し、次回は少しでも成績を上げることができる。

この時期になれば、学校の授業や予備校のカリキュラムより、自分なりの課題を重点的に勉強したほうが受験学力は上がる。無駄な勉強をするより、身になる勉強をしたほうが賢明なのだ。

もう一つ重要なのは、**なぜ失点したかの分析**である。

勉強をやっていないからできなかったのか？　勉強をしたはずのところができなかったのか？　あるいは、ミスだったのか？

やっていないからできなかったのなら、それは明らかに課題である。しているはずなのにできなかったのなら、復習の不足か、理解がうまくいっていないことを示す。

かなりやったり、予備校で講習を受けたりしたはずなのにできなかったのなら、**これからもやってできるようになる保証がないということだから、当面は「捨てる」ことも考える**。

とくに、ミスによる失点の場合、それが問題をきちんと読んでいなかったせいなのか、早とちりか、計算ミスかというふうに、**ミスのパターンを分析する**ことが大切だ。それができれば、同じミスを二度としないようにすることができる。

以上のようなことに注意すれば、模試のたびに、受験学力が上がるだろう。

ただ、ここに大きな落とし穴がある。センター試験であれば模試の成績はかなりあてになるかもしれないが、二次試験や私立の医学部の入学試験については、あまりあてにならない。学校によって出題傾向が大きく異なるからだ。

たとえば、英作文の出題されない大学なら、いくら模試でそれができたところで、実際の受験では役に立たない。難易度の高い模試でいい成績をとっていても、やさしい問題をたくさん出して合格最低点が高い大学であれば、これもあてにならない。

だから**模試の結果に振り回されてはならない**。それより「英語は長文問題から取り組んだほうが十分時間がとれる」とか、「早とちりでケアレスミスをしないようにしよう」とか、**自分なりのリズムや課題をつかむこと、志望校の合格最低点を超えるために何が必要かを考察することが大切**だ。

模試は利用するもの。結果に一喜一憂するのではなく、試験本番までの間にどれだけ点数を伸ばせるかをシミュレーションしよう。

4-2
志望校の過去問で、あと何点とれば合格するかを確認

先ほど「模擬試験はあてにならない」という話をしたが、では何があてになるかというと、志望校の過去問である。

過去問をやって、何点とれたかがわかれば、志望校の合格最低点に何点足りないかがわかる。それを受験本番までに埋めることができれば、晴れて合格、というわけである。

過去問を利用すれば、本番当日、時間が足りるのか足りないのか、どの順番で問題を解けば時間がうまく使えるのかなどがわかり、試験当日の戦術を立てることもできる。

他の学校を受けにくくはなるが、そうとうの時間が節約できるので、その分をたとえば理科の暗記ものに使って得点アップを狙うこともできる。

模試より過去問のほうが、自分の志望校合格のための課題が見つかるし、それに合わせた受験計画も立てられるのだ。

多くの受験生が模試で一喜一憂しているときに、自分だけは1年分だけでもいいから、**受けたい学校の過去問をやってみて、合格最低点に足りない点数を、本番までの数カ月でどう埋めるのかを検討**するほうが賢明だ。

たとえば、400点満点で合格点に50点足りないのであれば、物理や化学の演習で点をとっていくのか、生物の暗記ものをやるのか、苦手の英作文を克服するのかというふうに、自分にとっての課題を設定する。

英語の問題で医学用語が解説もなしに出されるということであれば、医学英語集のようなポケットブックを買ってきて、これから対策をすれば、ほかの受験生にかなり差をつけることができるだろう。

あるいは、生物などで遺伝や人体の問題など、通常の生物であまり詳しく習わない医学的な問題が出るのであれば、その対策をきちんと立てる。

模試の偏差値というのは相対成績なので、ほかの受験生の成績が上がると、自分は多少勉強していてもその数字は落ちてしまう。

しかし、**過去問であと何点という課題設定なら、毎日、少しずつ点が積み上がっていく**。

そのほうがやる気も持続しやすい。「あと何点あれば合格」という課題設定が、「あと何点足りなくて不合格」を避けるいちばんのテクニックなのだ。

4-3 志望校が決まっていない人は、11月までには決める

受験生の中には、秋を過ぎても志望校が決まらない人もいるだろう。

とはいえ、いつまでも志望校が決まらなければ、「あと何点とる」というシミュレーションもできない。

受験生の心情としては、成績が上がれば、少しでも上のレベルの学校に行きたくなるだろうし、下がれば大事をとって志望校のランクを落としたくなる。

だが、**ランクを上げてリスクをとるより、これまで、志望校に合わせた勉強をしてきた人にとっては、手堅く志望校に合格するほうが賢明**だ。

偏差値が足りるようになったとしても、その大学の対策をしていない場合、出

題傾向に対応できず、時間が足りないということになりかねない。

医師臨床研修制度が必修化されて以来、どこの大学を出ていても、行きたい病院で研修できるのだから（もちろん、そのためのマッチングというテストがあるが、受かるためには、むしろ大学に入ってからの成績が重視されるので、下のランクの学校にいったほうがいい成績がとりやすいだろう）、あえてリスクをとる必要はないのだ。

遅くとも、11月くらいには志望校を決めて、その大学に受かる対策をしておかないと、いくつも似たような偏差値の大学を受けて全滅ということになりかねない。

志望校が決まったら、どの科目なら点数を上げやすいかを考える。たとえば、過去問をやって、数学が5問中2問しか解けなかったというような場合、解ける問題を3問に増やすことができれば、20点伸びる。

数Ⅲ範囲にあまり手がついていないのなら、それを短期完成させることで、数

Ⅱ範囲の問題が1題ないし、2題正答でも、それに達することができる。

反対に、たとえばベクトルはいつも点がとれないというような場合、運よく、よほどわかりやすい予備校の講義などに出会って、すっきりわかるようにならないかぎり、やっている割に伸びないということになりかねない。

この時期になったら、どこならやれば伸びそうだが、どこは期待できないという、「見切り」も必要なのだ。

そう考えた場合、とくに現役生の場合は、これまでどちらかというと手つかずのところや、暗記ものが多い理科ののびしろが大きい。

化学や生物であれば、覚えるところをきちんと覚えていけば、かなりの伸びが期待できる。

三角関数やベクトルなど、使う数学のレベルが比較的高い物理に比べて、化学や生物では原則的に四則計算なので、計算はややこしいが、慣れれば点がとりやすい。

私立の医学部の場合、英語100点、数学100点、理科200点という配点の学校が多い。

それを考えても、**数学や英語の主要科目を見切り、理科にシフトして、少しでも志望校の問題でとれる点を伸ばすという発想が、受験の追い込み期には必要**なのだ。

浪人生でものびしろがかなり残っていると思う。たとえば、ある医学部の受験で20点足りなくて不合格というような場合、私が指導するなら、あと30～40点を志望校の試験で得点するにはどうすればいいかを指導するだろう。

ところが、多くの予備校では、個人のニーズに合わせることなく、画一的な（多くは網羅的な）カリキュラムで、英語や数学や理科を進めていく。

もうすでにできるようになっているので聞いても無駄というところもあれば、もう少し時間をとって丁寧に教えてほしいところもあるだろうが、そんなものはお構いなしだ。

予備校の言いなりの受け身のやり方（これだと二浪しても三浪しても同じことを習うだけだから、むしろ受かるわけがないとさえいえる）を脱却できないと、本番3～4カ月前の伸びは期待できないと思ったほうがいい。

4-4 計算ミスをなくせば10～20点かせげる。朝5分の計算練習で脳力アップ

試験本番3～4カ月前に効率的に点数を伸ばす手段はまだある。それは**計算力を伸ばす**ことだ。

センター試験にしても、私立大学の試験にしても、二次試験にしても、計算ミスは許されない。それがなくなるだけで、10～20点得点したのと同じだという試算もある。

計算の中でとくに重要なのは、中学受験でやるような面倒くさい四則計算である。今の受験生はなんらかのかたちで、ゆとり教育のカリキュラムを小・中学生時代に受けてきている。そのため、中学受験を経験していない子供たちの計算力

のレベルは、おしなべて低い。

数学に限らず、理科にしても、化学や生物は四則計算しか出ないので、中学受験レベルの計算力はやはり大切だ。

正確でミスがないのはもちろん、スピードが求められる。計算が速ければ時間切れになるリスクが減るし、考える時間もよけいにとれる。

受験生にぜひ勧めたいのは、**朝の起き抜け5分の計算練習だ。それをすることで記憶力や集中力が上がって、その日の勉強のノリがはるかによくなる。**

これは東北大学の川島隆太先生の研究でも明らかにされている。塾も予備校もない田舎の学校から、18人中8人を現役で国公立の学校に合格させた陰山学級でも実証済みだ。

川島先生の研究によると、**計算練習によって脳の前頭前野の血流が増し、活性化するという。**脳科学者の間では、前頭前野は人間の意欲や感情のコントロールを司《つかさど》る場と考えられている。

私も前頭葉というものに、ここ数年、関心を持っている。うつ病の治療法の一つであるＴＭＳ（磁気刺激治療）では、背外側前頭前野という場所に磁気刺激を与える。

すると、不安感がとれ、意欲が高まり、集中力がつくということがわかってきた。サプリメントや薬では副作用が懸念されるが、ＴＭＳにはそれがない。

興味深い治療法だと思っていたら、新宿ストレスクリニックというところが、受験生にＴＭＳ治療を始めたという話を聞いた。

強い不安やストレスを感じていて、なかなか集中力がつかないという受験生には、ある程度費用はかかるが、試す価値があるかもしれない。

●新宿ストレスクリニック　http://www.shinjuku-mental.com/tms/

4-5
入試1カ月前の勉強は、それまでの8倍の効果がある

さて、季節が冬に入り、受験本番まで1カ月。この頃になると、受験生の勉強効率はいやでも上がる。

この時期は、春休みや夏休みの8倍くらいの勉強量ができると私は考えている。

理由の一つは、集中力のアップである。

多くの受験生は春休みや夏休みに1日12時間勉強しようと計画する。ところが、実際には1日6時間もできない。それが直前期になると、1日10時間以上の勉強をこなせてしまうのだ。

二つめは、スピードのアップだ。

受験勉強というのは、続けていると問題を解くスピードが上がってくる。直前1カ月前ともなると、1時間で3問しか進まなかった数学が6問になったり、2ページしか進まなかった英語の長文問題が4ページになるなど、春休みや夏休みの2倍くらいになっている受験生（とくに現役生）はざらにいるだろう。

三つめは、勉強の密度の濃さだ。

この時期であれば、受験に出ないことをやることはまずなくなる。春や夏であれば、1時間の勉強のうち30分くらいは試験に出ないことをやっていた受験生も多いだろうから、60分全部、試験に出る勉強をやるようになれば、1時間の密度は倍に上がる。

集中力が2倍、スピードが2倍、密度が2倍になっていれば、1日にできる有効勉強量は8倍。1カ月の勉強が8カ月分になる。そうとう危ない成績でも、逆転をあきらめることはないのだ。

ただし、能率を高めるには、脳のコンディションをよくすることが大切だ。たとえば、勉強のしすぎで寝不足になってしまうと、いくら集中力が高まる時期といっても能率は落ちるし、勉強量も減ってしまう。自分のベストの睡眠時間、パターンをつかんだうえで、ラストスパートをかけたい。

脳は朝起きてから3時間後ぐらいからベストコンディションになるとされている。受験本番の試験開始時間が9時なら、6時起床がベストというわけだ。1日5分ずつ早起きをし、**本番の1カ月前には6時起きを習慣づける**といいだろう。

食事については、先に述べたように**脳の栄養素としてのブドウ糖が重要**だ。朝ごはんをきちんと食べたり、受験勉強で小腹がすいたときに糖質の多いおやつを摂ったりすることは、脳のコンディションづくりに有用といえよう。

セロトニンという神経伝達物質が不足すると、イライラや不安が高まる。逆にそのレベルが高いと集中力がつくとされている。

この材料である**タンパク質は、やはり多めに摂りたい**。ちなみに、日光に当たったり、部屋を明るくしたりすることも、セロトニンの分泌を促すという。

休息については、受験直前期の場合、週に一度まで休まなくても、**2週に一度くらいは休んでいい**。人間というのは、あまり休みをとらないとストレスで心身のコンディションが悪くなるからだ。

その際、体を休めるのか、心を休めるのか、考えるといいだろう。前者なら思いきり昼寝をする、後者なら好きなゲーム、スポーツなどでリフレッシュするといい。

ただし、休みで学習習慣を崩さないように注意したい。丸一日休んでしまうと、翌日、勉強に手がつきづらくなってしまう。

受験生の場合は、いくら**休息日といっても、直前期であれば1日3時間くらいは勉強**しよう。

第5章

ラスト10日で合格を勝ち取るための秘策

5-1 センター試験の過去問で、当日のペース配分をシミュレーション

いよいよ受験本番直前。ここからはセンター試験10日前から当日までにやるべきことをお伝えしたい。この時期でもまだまだ得点アップを狙えるのだ。

私は**受験本番を勝ち抜くために、三つの力が必要**だと思っている。

一つめは**「受験学力」**、二つめは**「戦術力」**、三つめは**「精神力」**である。

まず「受験学力」であるが、これはいうまでもなく「志望校の試験で点数がとれる学力」のことである。これは本番10日前からでも伸ばすことができる。

そのために取り組みたいのが、**センター試験の過去問である。**

これを解くことにより、スピードは大丈夫か、ペース配分は適切か、どんな問

題から先にやればいいか、などを改めてシミュレーションできる。

今のやり方だと時間が足りないということに気づけば、どの問題から先にやるとか、知識問題は考えすぎないようにしようとか、対策も立てられる。

本番直前の過去問でもう一つ重要なのは、**当日までの間に何をやればいいのかを見極める**ことだ。

「まだ社会科の覚えものが不十分だ」とか、「理科ならこの分野ならまだ伸ばせそうだ」とか、「英語のアクセントの問題の対応がちゃんとできていない」とか、そういうことを過去問で把握するのである。そうすれば本番までの日々にやるべきことが明確になる。

過去問のほかに、本番そっくりな形式で予想問題がセットされている、〝センター試験パック〟というのもある。問題用紙の大きさも、解答のマークシートの紙も、本番とほぼ同じなので、これを利用してリハーサルをするのもいいだろう。

10問ごとに解答を書き写したほうがミスが少ないか、最後にまとめて写したほうが速いかという、細かい検証もできる。

過去問もセンターパックも、やってみたら「うっかりミスをしてしまった」「やっていないところがあった」「時間が足りなかった」ということが起こるかもしれない。

そんなとき、**落ち込む必要はない。直前でもまだ間に合うのだから、「そういうことが事前に見つかってよかった」という発想を持てばいい**のである。

たとえば、ミスをしたという場合、また同じミスをしないように、自分や他人のミスのパターンを肝に銘じ、それをやらないようにする。

やっていない、やったはずなのに覚えていないところが、かりに試験の3日前に見つかったとしても、そこの部分だけをきちんとやるのであれば数時間ですむだろう。

解くのに思ったより時間がかかったというのなら、少しでもスピードを上げるにはどうしたらいいのか、解く順番を変えたほうがいいのかなどをチェックすればいい。

要するに、試験前のシミュレーションをやる意味というのは、そこで見つかった課題を改善していくところにある。

もう一つ、直前のシミュレーションで大事な点は、それをもとに、きちんと目標点を設定することである。いくら医学部が難関だからといって、満点とか95％をとらなければ合格できない、などということはない。

二次試験に自信があれば、センター試験は85％でも十分合格圏内だ。**目標点がはっきりしていれば、「この程度なら落としてもいい」という発想ができる。**

この余裕が当日の気持ちの余裕につながるのである。

5-2 ケアレスミスをなくす「ミスらん力」をつけるには

受験本番を勝ち抜くための二つめの力は「戦術力」、つまり「合格を勝ち取るための具体的な方法」のことである。

たとえば、過去問やセンターパックの結果から、ペース配分を見直したり、先に着手する問題を検討したりすることだ。

同時に、ケアレスミス対策も必須である。医学部受験の場合（これは医学部に限らないが）、学力が似た者同士が激しく競争する受験となりがちだ。まさしく1点を争う競争になる。すると、当日ミスをしなかった人が合格し、ミスをした人が不合格の憂き目にあう。ある試算によると、**ケアレスミスをしなくなれば偏**

差値ベースで10以上、上がるとのことだ。

ミス対策として、「落ち着いてしっかり問題文を読め」「何回もしっかり見直せ」「気をつけろ」などとよくいわれるが、受験の場では皆、心得ているだろう。

それでも平常心を失っていたり、ミスを誘うような問題にひっかかったりして、つい間違えてしまう。

時間が足りないのが当たり前のようになっているセンター試験では、見直しの時間をとるのも無理な話だ。

たとえば英語ならセンター試験でも長文が4~5問出題されるし、二次で長文が5問以上出題されることがざらにある。数学や理科でも、処理速度を競う問題が多い。見直しの時間はまずとれないと思ったほうがいい。

それに、受験のときの見直しというのは、本人が合っていると思っている解答から間違いを見つけることなので、「見直し」ただけでは、どこが間違っているかわかりにくい。時間に余裕があれば、「解き直し」をすることで間違いが見つかる可能性があるが、そこまでの時間を割くのは困難だ。

要するに、通常のミス対策ではミスがそうなくならないのである。

ではどうすればいいか。

本番での集中力や見直し力のように、あてにならないものを期待するより、やれるかぎりの事前のミス対策を行うのだ。私はこれを**「ミスらん力」**と呼んでいる。

一番大切なことは、**これまでやらかしたミスを二度としないこと。これまで受けた模擬試験などを改めてチェック**してみるのがいいだろう。あわせて四則計算力を上げるのも有効だ。**四則計算のミスをなくせば、数学、化学、生物でよけいな失点をしなくてすむ。自信がない人は、この時期、1日15分程度やる**といい。

次に大事なことは、**人がよくやるミスを自分はやらない**こと。

拙著に『ケアレスミスをなくす50の方法』(ブックマン社)という本がある。これは、私の主宰する緑鐵受験指導ゼミナールのスタッフに、受験生がやりそうなミスのパターンを50個集めさせて、それぞれに対策を打ち出した本だ。

たとえば、条件式を見落とすというミスのパターンに対して、問題を解く前に条件を解答欄の下に書いておき、解き終ってから条件式と照らし合わせて、合うものだけを解答欄に書き、それが終れば解答欄の下に書いておいた条件を消しゴムで消すというようなものだ。

このような**「ミスらん力」を試験前につけておくだけで、本番でのミスは格段に減る**はずだ。

受験というのは、自分が選手であると同時に、監督でもある。戦力で負けていても、監督の戦術がよければ勝てることがあるように、自分の今の学力でもっとも効率的に本番に向かえる戦術を立てることができれば、逆転合格も夢ではないのである。

5-3 本番であがってしまったときの平常心の取り戻し方

さて、学力もそこそこ伸びてきた、戦術もしっかり立てたとして、最後に大切なものが「精神力」だ。

当日パニックになってしまった、ひどくあがってしまったということで、残念な結果になってしまう受験生は少なくない。逆にきちんと対策しておけば、合格の可能性は高まる。

脳科学者にいわせると、あがったり、パニック状態になっているときは、脳の前頭葉が窒息状態になっているそうだ。思考力が如実に低下し、まともな判断ができず、すぐに絶望してしまう。

こういうときに、笑ったり、癒しを体験すると、スッと前頭葉の血流が増えて、正常な脳の状態に戻るということも実験結果でわかっている。

もし**本番であがったり、パニックになったりする不安があるなら、自分が笑えるジョーク集や、自分を癒してくれる可愛い犬の写真などを事前に用意しておく**といい。それを試験本番の直前に読んだり、見たりして、緊張をほぐすのだ。

たった一問解けないだけでパニックになってしまった、という話もよく聞く。この場合は、**いちばんやさしい問題を探して、まずそれを解くことで、かなり平常心に戻れる**はずだ。

プロ野球の投手も、打たれてもいいから最初にど真ん中に投げ、ストライクがとれると、緊張が和《やわ》らぐという。

最後に重要なのは、**とにかく合格できると信じること**だ。弱気は不安を生みやすいし、合格できると思えば気合も入る。

これまでの模擬試験で、いい点がとれたときの鉛筆を持っていったり、初もうでのときに買ったお守りを持って行ったりして験《げん》を担《かつ》ぐのもいい。
本番では自分を信じ、合格を信じよう。

5-4 受験前夜、眠れないとき

さて、いよいよ明日は本番。

となると、夜、眠れなくなるのが人間というものである。

精神科医を長くやっていて実感するのは、この手のことは本当にメンタルの影響が大きいということだ。

眠れないことを気にすると眠れなくなるし、**「眠れなくてもいいや」と開き直ると意外に眠れる**。

それでもなかなか開き直れないという人は、体を横にして休むだけでもいい。

眠れなくても（じつはその間に脳が眠っていることは多い）脳は休息がとれるし、

翌朝の試験では十分に通用する。

逆に眠れないと思って、少しでも勉強して翌日に備えようとするのは、とくに机に向かう姿勢でやるなら逆効果だ。

とにかく眠れなくても、12時くらいまでにはベッドで横になってほしい。部屋を少し暖かくするのも、眠りに入りやすくなっていいだろう。

前日の昼間の使い方も大切だ。

日光に当たると、メラトニンという脳内睡眠ホルモンの分泌がよくなることがわかっている。忙しい直前期であっても、**試験前日は30分程度、外を散歩**したほうがいい。

どうしても眠れないという場合は、医者に睡眠剤を出してもらったり、市販の睡眠剤に頼る手もある。飲んだことのない人は、おそらくびっくりするくらいよく眠れるだろう。

ただ、効き方に個人差があるので、使いたい場合は事前に必ず試す必要がある。最低でも試験の1週間前くらいに、眠れないときに試し飲みをするのだ。人によっては、翌朝まで残って午前中はぼんやりしてしまって、試験にかえって不利になることもあるからだ。

当日は時間に余裕を持つためにも、朝ちょっと早めに出て、冷たい空気（おそらくはまだ寒いだろう）にあたって散歩をするといい。目も覚めるし、脳も活性化する。

会場では、これまで覚えてきたノートやカードでギリギリまで勉強すれば、気分的に落ち着けるはずだ。

お守りだけでなく、自分にとって気休めになるもの、笑いや癒しをもたらしてくれるものも持っていくといいだろう。

5-5 二次試験まで、あと1カ月。合格対策はこれだ

センター試験が終ると、受験生は悲喜こもごも。思ったより点がとれた人は気分も晴れやかだが、とれなかった人はがっくりと落ち込むかもしれない。

しかし、一部の私立大学を除けば、センター試験だけで合格はできないし、足切り点さえクリアできれば、センター試験が思わしくなくても受かる大学はいくらでもある。和田式の基本は、志望校の合格最低点をめざした勉強をすることなのだから、センター試験後は、残りの時間をいかに有効に使い、点数をとるかを考えなければならない。

センター試験で高得点がとれた人であれば、センター試験の配点比率の高い学

校に出願することで、より合格の精度を上げることができるだろう。

反対に、点数が予想外に悪くて、足切り点以下になってしまった、あるいは、**二次試験での逆転は現実的に不可能だと思うのなら、その年の受験に関しては、「私立専願」に鞍替えするほうが現実的**といえる。私立の多くの大学は理科の配点が高い。たとえ1カ月弱であっても、理科に特化した勉強をすれば点数は上がる。

いずれにせよ、センター試験で点がとれた人もとれなかった人も、センター試験のことは一時忘れて、二次対策に集中することが大切だ。

まずは行きたい大学の過去問を1年分やってみて、あと何点足りないかをしっかり把握する。そして、どの分野をやっておけばいちばん点数が伸びそうかを考える。

過去問をやったら合格最低点にあと20点足りない、という場合でも、**1カ月真剣に勉強すれば、20点伸ばすのは決してできない話ではない**。とくに、まだ勉強していないところが多く残っている現役生についてはそうだ。

英語の速読力が足りないと思えば、そのトレーニングをすればいいし、自由英作文対策が不十分なら、２週間も真剣にトレーニングを行えば、ある程度点がとれるようになる。

数学も、これまでやってきたところで伸ばすのは困難かもしれないが、数Ⅲ範囲は、意外に基本的な問題を出す学校が多いので、手つかずに近い状態だった受験生であれば、問題集や参考書をやることで、かなり点が伸びることもある。

過去問で合格圏内に達した人であっても、やはり残りの期間にどこをやれば伸びそうかを考えて勉強すれば、その確実性はあがる。

さらにいえば、本番のシミュレーションも大切だ。マークシートの問題と記述式とでは、ペース配分が違ってくるからだ。

あとは前述した当日の生活術に気をつけ、**万全のコンディションで試験に臨めるよう、体調管理をしっかりする**ことである。

第6章

４月から始まる新しいスタートに向けて

6-1 合格した人へ——。医学部の勉強は手ごわい。1日2時間の学習習慣は維持しておこう

ここでは医学部受験が終ってからのアドバイスを書いてみたい。

合格した人は、「大学に入ってからの勉強は今までとは違う」と肝に銘じてほしい。**医学部に入ってからは、進級にしても、国家試験にしても、意外に手ごわい。**

とくに私立大学は、国家試験の合格率を上げないと経営に響くので、進級についてかなり厳しい。

基本的には、できの悪い学生を六年生にしない。昔は卒業してから国家試験を受験したが、今は卒業前に行うので、卒業を絞って合格率を上げるより、できの

悪い学生を六年生にしないことで合格率を上げる、という考え方になっているのだ（毎年の進級を難しくすることで、六年生の質を上げる大学も珍しくない）。

大学に入ってからしっかり勉強しないと、6年で卒業するはずが10年になったなどということになりかねない。これでは、運よく現役で合格できても意味がない。

合格して解放的な気分になるのはわかるが、せっかく身についた学習習慣は失わないほうがいい。

なぜなら、ラストスパートの時期に1日10時間くらい勉強していた人間が、試験が終って1カ月半も勉強しないでいると、1日1時間の勉強でもつらく感じるようになるのだ（私自身そうだった記憶がある）。

難しい勉強をする必要はない。たとえば、哲学や心理学に関する本を読むのもいいだろう。

現在は国家試験の合格率を上げるために、教養的なことをろくにやらない大学があるが、哲学や心理学は医者になって役立つ話が多い。受験生時代、ひたすら受験勉強にひた走ってきた身には糧《かて》になるはずだ。

英語の勉強もお勧めだ。医者の世界でも英語ができるほうが有利だが、医学部に入ると忙しくてブラッシュアップできないこともある。

英語がスムーズに読めるような（この能力は医者になってから論文を読むために必須だ）トレーニングをしたり、英会話の塾に通ったり、ＴＯＥＦＬ®の点を上げたりするといい。

医者の世界は生き残りが難しい時代だという自覚を持ち、せめて1日2時間でも学習習慣を維持しておきたいものだ。

6-2 再チャレンジする人へ――。志望校の合格最低点に何点足りなかったかを分析、自分の課題克服をめざそう

残念ながらうまくいかなかった人にも、私からのアドバイスを伝えたい。

医学部の受験生は、重複も合わせて、少なくとも14～15万人はいるわけだから、うまくいかなかった人のほうが多いはずだ。

そういう人も、やはり**学習習慣を絶やさない**ことだ。受験直前のペースとまではいかなくても、その8割くらいの密度と勉強時間で1年勉強できたら、まず翌年の医学部受験の成功は手にしたも同然だ。

予備校が始まるのを待たずに、合格できなかった悔しさをバネにして、毎日、やるべき勉強（これが残っていないのなら不合格はあり得ないはずだ）をしっかり

やってほしい。

予備校が早く始まっても、安易にそのカリキュラムに飛びつくのはお勧めしない。

一部の私立大学は別として、現在、多くの医学部では得点開示をやっている。それを利用して、受験した学校の合格最低点に何点足りなかったのか分析する。**足りなかった点数＋20点くらいを目標にして、浪人生の場合は、一通りやる（予備校のカリキュラムだと試験に出ないところどころか、試験に出ない科目までとらされることは珍しくない）ことより、一人ひとり違う課題を克服していくことを主眼に置く。**

何でもかんでも予備校に面倒を見てもらうより、自分にとって重要なところだけ講習を受けたほうがいいのである。

逆に、基礎学力がない場合、予備校では、そのレベルまでフォローしてくれるところが少ないので、通っていてもうまく理解できない、力がつかないということがあり得る。

基礎学力がないのに、無理に受験用の勉強をしていた人は、自分は何をやり直さないといけないかという課題のフォローをしてほしい。

私の主宰する緑鐵受験指導ゼミナールでは、スタートレベル判定テストによって、中学レベルや小学校の計算などに穴がないかもちゃんと調べるようにしている。

そういうチェックを自分でしてもいい。とにかく**受験直後に、再チャレンジする自分のスタートレベルの把握をし、合格へ向けた具体的なアクションを起こさないといけない**のである。

6-3 2020年度の入試改革で、求められる学力はこう変わる

ところで、**2020年度に入試改革が行われる**ことをご存じだろうか（つまり は2021年春施行の入試）。まだ完全に内容が決まったわけではないので、2014年の末に出された中教審（中央教育審議会）の答申をもとに話をすすめていきたい（その後も文部科学省の高大接続システム会議の最終報告も出ている）。

この答申によると（システム会議の最終報告でも同様だが）、**現行のセンター試験は廃止され、「高等学校基礎学力テスト（仮称）」と「大学入学希望者学力評価テスト（仮称）」が導入される予定**だという。

センター試験の代わりといえる「大学入学希望者学力評価テスト（仮称）」に

ついては、「素点ではない段階別評価」「『合教科・科目型』『総合型』」の問題の導入」「一部記述式の導入」などが検討されている（これはシステム会議の最終報告では実施時期を含めて、あいまいになっている）。

「素点ではない段階別評価」とは、要するに、95点、72点という点数をつけるのではなく、A、Bという段階評価を用いるということである。現行の1点を争う入学試験に対する批判から採用されることになったものだ。

日本でもロースクールなどを受験する際には、大学の成績で優が4点、良が3点、可が2点として、その平均点を行きたい学校に提出しているが、100点をとって優になった人も、90点で優になった人も同じ扱いである。

ただし、これは内申のようなものについてであり、アメリカのセンター試験にあたるSAT（大学進学適性試験）や英語力を評価するTOEFL®では、1点刻みの評価を行っている。

この手の評価基準が採用されたら、医学部受験生は、主要5教科すべてでAを求められるだろう。細かい点を気にしたり、満点を狙ったりするより、とにかくできない科目をつくらないのが基本戦術になってくると思われる。

（私自身は、こんな試験が採用されたら、ミスに対する受験生の意識が甘くなるし、ミスをしないようなトレーニングもおろそかになると危惧《きぐ》している。それが医者になってからの臨床に悪影響を与えることを非常に懸念しているわけだ）

「『合教科・科目型』『総合型』」とは、要するに、教科・科目の枠を超えた融合問題のことだ（これも同最終報告まではあいまいになっている）。

たとえば、日本史の知識を問う問題と合わせて、統計資料を数学的に読み解かせたり、外国の文献史料を引用して英語の読解力を試したりする。

現実に最近も、センター試験の追試験の数学Ⅰ・数学Aの問題で、「都道府県別の人口と自動車保有台数」の統計を素材にした散布図の読み取り問題が出された。地理では以前からある問題形式だが、数学の問題として出されたことに意味がある。

詳細はまだ確定していないが、この手の問題の対策をしている受験生と、していない受験生では、これから大きな差がつくだろう。

「一部記述式の導入」については、記述式に特化した対策が必要になる。

中教審は、新テストを、「知識・技能の活用」「自ら課題を発見（課題発見能力）」「解決に向けて探究（問題解決能力）」するものと位置づけているが、これはいわゆる「PISA型学力」を強く意識しているといってよい。

「PISA調査」というのは、各国の義務教育卒業生に対して、学校で習ったことがどの程度応用できるかを問う、OECD（経済協力開発機構）が行っているテストである。

たとえば数学であれば、単に数学の学力を見るのでなく、数学を使って問題を解けるかという「数学的リテラシー」を見る。

この学力調査で、日本の子供たちの成績が低迷し、アジアでは最低レベルをさまよっている。**文部科学省は、読解力やリテラシー力を入学試験に課すことで、**

よりその実効性をあげようと考えている節《ふし》がある。

ＰＩＳＡについては、ネット上でも公開問題例が発表されているから、一度目を通しておくのが賢明だろう（改革がどういうかたちになるかは、まだ確実なものではないが、方向性としてはＰＩＳＡ型を狙っていることは、ほぼ間違いないからだ）。

和田秀樹が教えるとっておきの情報

苦手科目があっても合格を狙える大学リスト

国公立大学編

英語が苦手な人に

●**山梨大学**

後期日程のみで、センター試験は素点。二次試験には英語がない。

●**大分大学**

英作文が出ない。整序作文は出るが、センター対策でカバー可能。

数学が苦手な人に

●熊本大学

センター試験は数学は1／4に、他科目は1／2に圧縮される。二次試験での数学は全科目の1／4の配点にすぎない。

合格者の最低点が低い大学

●福島県立医科大学

センターと二次を合計した合格者最低点が7割弱。二次試験も極端に難しいわけではなく、狙い目。

●横浜市立大学

センターと二次を合計した合格者最低点が7割弱。二次試験は難しいため、とりこぼしは多少あっても難問対応力が高いなら向く。

そのほかに、東京医科歯科大学、千葉大学、山梨大学、京都府立医科大学、滋賀医科大学、和歌山県立医科大学、大分大学などが7割弱となっている。

理科で逆転を狙いたい人に

●広島大学

二次試験で合計点1800のうち理科の配点を1200とした場合に、募集定員の上位1／2に入れば合格。二次試験型の英語や数学に不安を抱えるが、センター試験は割ととれるという人におすすめ。

国語が得意なのでうまく使いたい人に

●山形大学

二次試験で国語が出される。現代文の記述問題が得意なら狙い目。

●名古屋大学

配点は小さいが、二次試験で国語が出される。旧帝国大学クラスが狙える実力があり、記述式の現代文・古文が得意で、地域にこだわりがないのなら第一選択になり得る。

文系科目が苦手な人に

●**新潟大学**
センター試験で国語と社会だけが50％に圧縮され、他は素点のまま。

●**岐阜大学**
センター試験で国語だけが50％に圧縮され、他は素点のまま。

●**徳島大学**
センター試験で国語は150点、社会は50点に圧縮、理科は2科目で300点満点に。二次試験で理科がないために理科が得意な人の逃げ切りには使えないが、国語や社会に不安を抱えているなら選択肢に入る。

●**名古屋市立大学**

センター試験で文系科目は50％に圧縮（英語も）され、理系科目は125点。二次試験でも英語の配点は150／700。

●奈良県立医科大学

素点では2割以上ある国語の配点が圧縮により1割に。二次試験の理科は1科目であり、出遅れ組にもチャンスあり。

理科が苦手・どうしても間に合わない人に

●鳥取大学

二次試験に理科がなく、センター試験は全科目素点。理科のハンデが出にくい。

私立大学編

入試問題の難度が低い大学

●埼玉医科大学、獨協医科大学、福岡大学、久留米大学、兵庫医科大学、川崎医科大学

いずれも、教科書や教科書傍用問題集レベルの問題が中心。難問対策は一切不要、ミス対策が明暗を分ける。

理科が苦手な人に

●杏林大学、岩手医科大学、川崎医科大学

理科の配点が低いため、英数の仕上がりに比して理科の仕上がりがやや見劣りする人でも勝負できる。

●**東海大学**

理科が1科目ですむ。得意なほうに比重を置いて勉強するといい。

●**帝京大学**

英語は必須で、残り2科目は数学・物理・生物・化学・国語から選択。つまり理科なしでも受験可能。

●**獨協医科大学**

英：数：理＝1：1：1であり、理科の出遅れをカバーしやすい。

英語が苦手な人に

●**愛知医科大学、近畿大学**

オーソドックスな問題が多く、対策しやすい。

●**川崎医科大学、福岡大学**

難度が低く、苦手な人でも差をつけられにくい。

数学が苦手な人に

●**埼玉医科大学、東邦大学**

配点が低く、難度も抑え目。

●**近畿大学、帝京大学**

数学Ⅲが出ない。帝京大学は科目選択によっては回避も可能。

数学Ⅲを避ける出願方法

・**センター試験利用入試＋近畿大学、帝京大学の一般入試**

とくにセンター試験利用入試は合格者最低点が高いが、数学Ⅲに取り組まない分、集中的に対策すれば勝機あり。むろん、国語や社会の対策はしない。無対策で受けて、運良く9割を越えたら国語や社会を使う大学でも合格を期待するくらい（出願はセンター本番よりも先であるため、対策せずに9割を越えられそう）な人限定。

装　丁——印牧真和
編集協力——村井優子

〈著者略歴〉

和田秀樹（わだ　ひでき）

1960年、大阪市生まれ。1985年、東京大学医学部卒業。

東京大学医学部附属病院精神神経科、老人科、神経内科にて研修、国立水戸病院神経内科および救命救急センターレジデント、東京大学医学部附属病院精神神経科助手、アメリカ、カール・メニンガー精神医学校国際フェロー、高齢者専門の総合病院である浴風会病院の精神科を経て、現在、国際医療福祉大学大学院教授（臨床心理学専攻）、川崎幸病院精神科顧問、一橋大学経済学部非常勤講師、和田秀樹こころと体のクリニック（アンチエイジングとエグゼクティブカウンセリングに特化したクリニック）院長。

1987年の『受験は要領』がベストセラーになって以来、大学受験の世界のオーソリティとしても知られ、代表を務める緑鐵受験指導ゼミナールは毎年、無名校から東大合格者を出し、話題となっている。そのほか、6年一貫の医学部進学塾、和田塾MEDS塾長も務める。

2007年12月、劇映画初監督作品『受験のシンデレラ』でモナコ国際映画祭最優秀作品賞受賞。2013年12月には第二回監督作品『「わたし」の人生』（介護離職をあつかった人間ドラマで、秋吉久美子、橋爪功がモナコ国際映画祭で主演女優賞、主演男優賞を受賞し、自らも人道的作品監督賞受賞）。

主な著書に、『「あれこれ考えて動けない」をやめる9つの習慣』（だいわ文庫）、『テレビの大罪』（新潮新書）、『感情的にならない本』『自分は自分　人は人』（以上、新講社ワイド新書）、『受験は要領』（PHP文庫）、『心と向き合う臨床心理学』（朝日新聞出版）、『「がまん」するから老化する』『大人のための勉強法』『老人性うつ』（以上、PHP新書）、『痛快！心理学　入門編』『痛快！心理学　実践編』（以上、集英社文庫）、『〈自己愛〉の構造』（講談社選書メチエ）、『医学部の大罪』（ディスカヴァー携書）、『経営者の大罪』『人は「感情」から老化する』（以上、祥伝社新書）など多数。翻訳書に『「あいだ」の空間――精神分析の第三主体』（トーマス・オグデン著、新評論）、『トラウマの精神分析』（ロバート・ストロロウ著、岩崎学術出版社）などがある。

和田秀樹公式サイト：http://www.hidekiwada.com/

緑鐵受験指導ゼミナールHP：http://www.ryokutetsu.net/

医学部にとにかく受かるための「要領」がわかる本

——合格率7%の中にどうくいこむか

2016年11月9日　第1版第1刷発行

著　者　和田秀樹
発行者　岡修平
発行所　株式会社PHP研究所
東京本部　〒135-8137　江東区豊洲5-6-52
　学芸出版部　☎03-3520-9618（編集）
　普及一部　☎03-3520-9630（販売）
京都本部　〒601-8411　京都市南区西九条北ノ内町11
PHP INTERFACE　http://www.php.co.jp/

組　版　有限会社エヴリ・シンク
印刷所　図書印刷株式会社
製本所　東京美術紙工協業組合

ISBN978-4-569-83172-5